過去問題集&テキスト

3級

建設業経理事務士

出題パターンと
解き方【第2版】

ネットスクール
桑原知之 編・著

Ⓢ ネットスクール出版

はじめに ●●●

建設業経理（事務）士、この資格は、2級まではとりましょう！

確かに3級を学ぶことで、原価の構造や決算書の意味などが理解できるでしょうし、それは素晴らしいことではあります。

しかし、やはり経審（経営事項審査）。

経審で加点される2級までは、是非とっておきましょう（自分に価値が生まれます）。

そうすると、同じ3級を学ぶにしても、2級につながる学び方が、いい学び方ということになります。

具体的には、知識をできるだけコンパクトに集中させて応用が利くようにし（暗記は役に立たない）、2級に通じる解法のテクニックを身に付けることです。

そこで本書は、第1部で3級合格に必要な知識を、第2部で出題が見込まれる全パターンの解き方を紙面に掲載いたしました。

さらに、全ての基礎となる第1部のChapter1の解説講義と、過去問題を講師が解く姿をご覧いただき、直接的に解法のテクニックを身に付けるための第2部の過去問題の解き方講義を、購入者特典として無料配信いたしました（視聴方法についてはvページの案内をご覧下さい）。

また、第3部では、過去問題5回分を入手が難しいと言われる解答とともに収載し、最後の仕上げにお使いいただけるようにしました（詳しくは『本書の使い方』をご覧ください）。

これで、3級は万全。

そればかりか建設業経理士2級に通じる3級になっています。

さあ、環境は私が整えました。

あとはみなさんが頑張るだけです。

まずはこの建設業経理事務士3級、しっかりと突破しましょう！

そしてまた、2級の学習でお会いしましょう。

WEB講座建設業経理（事務）士3級：2級担当講師

ネットスクール代表　桑原　知之

第1部　テキスト編

第２部　パターン学習編（解法のテクニックの習得）

第３部　回数別過去問題編

5回分（第34回〜第38回）を収載しています。
巻末の小冊子をご利用下さい。

本書の使い方

(0) 購入者特典『解説動画』のご案内

ネットスクールの動画コンテンツ配信サイト "モバイルスクール" で販売している、本書を使用した桑原先生による解説講義の一部を購入者特典として無料でご提供します。
（"モバイルスクール" については次ページ参照）

≪購入者特典 配信コンテンツ≫
・第1部テキスト編　Chapter 1　インプット講義（全3本）
・第2部パターン学習編　過去問題の解き方（全5本）

すべての基礎となる Chapter 1 の内容と過去問題を効率的に解くためのテクニックは、動画で学ぶと効率的に習得可能です。ぜひご活用ください。

動画視聴用パスワード
（特設サイト内にてご入力ください） a368kt

QRコードを使った
アクセスはこちら

https://www.net-school.co.jp/special/kens3q_pata2/

(1) 論点学習（Input）

各 Chapter を Section ごとに読み進めてください。このとき、標準学習時間を掲載しておきましたので、これを目安に、あまり時間をかけすぎないでください。

そうして、try it の問題を解き、さらに第2部で、その Section の内容がどのように出題されているかを確認しておきましょう。

(2) パターン学習（解法のテクニックの習得）

第2部に収載されている問題を、指示に従って解いていきましょう。

そうして、思うように解けない問題は、購入者特典の動画で講師の解き方を確認し、必ずもう一度解いておきましょう。

(3) 過去問題演習（Output）

さあ、第3部の過去問題を使って、120分の時間を計って解き進めていきましょう。

このとき、間違えることを恐れてはいけません。「考えたことは、必ず解答用紙に書く」ことを実行してください。

解答用紙に書くから、間違いがはっきりする。

間違えがはっきりするから、理解もはっきりする。

理解がはっきりするから、合格できる。

という関係です。

そう、解答用紙は『間違えるための場所』、そう決め込んで、思いっきり書き込んでいってください。

スマートフォンやタブレット、パソコンで手軽に学べる！

建設業経理事務士3級対策
モバイル講座のご案内

ネットスクールが運営する学習コンテンツ販売サービス『モバイルスクール』では、建設業経理事務士3級対策の動画コンテンツを配信中です。お求めやすい価格と簡単な手続きで、すぐに学習を始めることができます。

動きや音声がある動画講義だからこそ、書籍だけの学習よりも、さらに効率的に学ぶことが可能です。

また、スマートフォンなどのモバイル端末でも学習できるので、通勤電車の中や外出先のちょっとした時間でも、先生の講義を聴いて学習できるので、忙しくて時間を確保するのが難しい方でも、時間を有効活用しながら学習できるのが特長です。

（端末及び通信料はお客様のご負担となります。）

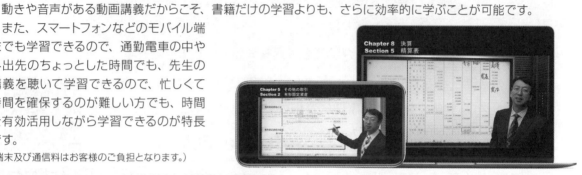

建設業経理事務士3級 モバイル講座　　受講料金 600 円（受講期間：30 日間）

本書（「建設業経理事務士3級 出題パターンと解き方 過去問題集＆テキスト」）を使用した建設業経理事務士3級の動画講義です。ネットスクールの建設業経理士 WEB 講座で2級講座を担当する桑原先生が、簿記や会計の学習が初めてという方でもスムーズに理解できるよう、本書の内容を分かりやすく解説をしています。

初めて建設業経理事務士3級を受験する方はもちろん、建設業経理士2級を学習する方の復習用やしばらく簿記の学習から離れていた方の確認用としてもオススメです。

配信内容
- 建設業経理事務士 3 級 Introduction
- 建設業経理事務士 3 級 インプット講義　（本書第 1 部の Section ごとに配信）全 32 本
- 建設業経理事務士 3 級 出題傾向と解き方　（本書第 2 部に合わせて配信）　全5本

※ インプット講義の Chapter1 の内容と出題傾向と解き方については、本書の購入者特典で配信している動画と同じものです。
※ ネットスクールの建設業経理士 WEB 講座『2級ゼロ標準コース』でも同一の内容を配信しております。
　　既に『2級ゼロ標準コース』を受講されている方がお申込み頂いても、重複いたしますので、ご注意ください。
※ 受講期間はご購入頂いてから 30 日間です。期間内であれば、何度でも視聴することができます。

建設業経理事務士3級 過去問解説講義　　受講料金 300 円（受講期間：90 日間）

モバイルスクール建設業経理事務士3級講座を担当する桑原先生が、第 37 回の過去問題を解説する動画講義です。「第1問」「第2問」と設問ごとに解説しているので、設問ごとの解き方の習得にも最適です。

※ 受講期間はご購入頂いてから 90 日間です。期間内であれば、何度でも視聴することができます。

上記講座の詳細及びお申込みは

 モバイルスクール　ホームページをご覧下さい。
mobile school

https://tlp.edulio.com/net-school2/cart/

※ 提供する講座やその内容、価格については、予告なく変更する場合がございます。あらかじめご了承ください。

（2024年 2月現在）

本試験のプロフィール

建設業経理事務士とは

建設業経理事務士とは、建設業務経理に関する知識と処理能力の向上を図ることを目的として、建設業経理事務士検定試験に合格した方に与えられる資格です。

３級の試験内容

級 別	内 容	試験時間	程 度
３級	建設業の簿記、原価計算	２時間	基礎的な建設業簿記の原理及び記帳並びに初歩的な原価計算を理解しており、決算等に関する初歩的な実務を行えること。

試験日

試 験 日	例年、３月の第２日曜日
申込期間	例年、11月中旬～12月中旬
合格発表	試験後、約２カ月 合格通知書の発送およびホームページにより発表

受験資格

だれでも、希望の級を受験できます。
同時受験：１級は１科目のみの受験のほか、２科目または３科目の同時受験が可能です。また、２級と３級、３級と４級の組合せでの同時受験が可能です。

注）１級及び２級は、「建設業経理士試験」として実施されています。

試験地

全国主要都市で開催されます。

なお、日程、試験地、申込方法などの詳細につきましては下記にお問い合わせください。

問い合わせ　一般財団法人 建設業振興基金　経理試験課
https://www.keiri-kentei.jp
〒105-0001　東京都港区虎ノ門４-２-12　虎ノ門４丁目MTビル２号館
TEL　03-5473-4581

３級　合格ライン

100点満点中、70点以上の得点で合格
毎回、受験者の約64％（第38回までの平均）で安定

本試験の出題分析

　本試験の出題をそのパターン毎に分析したものが，以下の出題パターンと対策です。出題パターンとその対策をまとめました。自分自身の合格のための得点計画の作成にお役立てください。

出題パターンと対策 3級

	出題パターン	対　　策	配　点	難易度
第1問	仕訳問題が5題出題されています。	頻出の論点の仕訳は完全にマスターしてください。	20点	A
第2問	勘定や計算表の推定問題が出題されています。	原価計算表と未成工事支出金勘定との関係を利用した推定問題をマスターしましょう。	12点	C
第3問	合計試算表または合計残高試算表の作成問題が出題されています。	合計試算表の作成問題を，早く正確に解答できるようにしましょう。そのためにはまず，仕訳を正しくできるようになることが必要です。	30点	B
第4問	伝票問題と理論問題が穴埋形式で出題されています。	伝票の作成をマスターしましょう。理論問題はテキスト等の重要語句を覚えておけば十分です。	10点	A
第5問	精算表の作成問題が出題されます。	出題論点は，かなり限定されています。早く，正確に解けるようにしてください。難易度の割に配点が高いので必ず高得点を狙いましょう。	28点	B
得点計画	配点の高い第3問，第5問は解き方さえマスターすれば高得点が狙えます。まずはこの2問からマスターしましょう。また，第1問，第4問を早く解けるようにして，第2問を解く時間を確保しましょう。			

難易度：A＝比較的易しい　B＝ふつう　C＝比較的難しい

建設業会計特有の勘定科目など

　建設業は，完成品の価格が高いことや着工から完成までの期間が長いことなどの特徴を持っています。そのため，建設業会計は製造業会計とは異なる部分があります。

　ここでは，一般の製造業会計を学んだ人のために建設業会計に特有の勘定科目や用語を一覧表にします。

一般の製造業	建設業	3級	2級	1級 財務諸表	1級 原価計算	1級 財務分析
損益計算書上の用語：一般の製造業の「売上」を「完成工事」に置き換えていると捉えましょう。						
売上高	完成工事高	●	●	●	●	●
売上原価	完成工事原価	●	●	●	●	●
売上総利益	完成工事総利益			●		●
貸借対照表上の用語：建設業の勘定科目の漢字の意味から、一般の製造業の勘定科目が浮かぶようにしましょう。						
売掛金	完成工事未収入金	●	●	●	●	●
仕掛品	未成工事支出金	●	●	●	●	●
買掛金	工事未払金	●	●	●	●	●
前受金	未成工事受入金	●	●	●		●
その他						
製造原価	完成工事原価	●	●	●	●	●
製造間接費	工事間接費		●		●	
製造部門	施工部門		●		●	

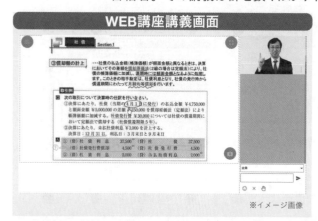

第1部　テキスト編

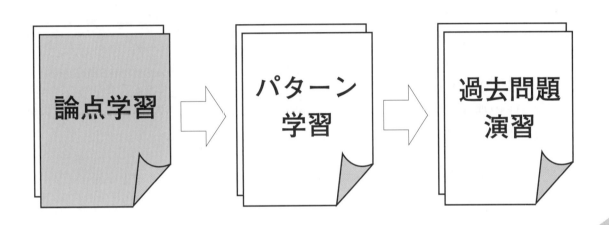

論点学習　→　パターン学習　→　過去問題演習

　テキスト編では，論点学習を行います。論点学習は，建設業経理事務士に合格するために必要な知識を身につける学習です。論点学習を効率的に進めるために，テキスト編は次のように構成されています。

①各Sectionの冒頭に「はじめに」を設け，これから学習するSectionの内容・特徴・問題点などをイメージしやすくしました。

②本試験での出題の多くは計算問題です。そこで，解説には随所に計算例を挙げて，本試験に対応した知識を習得できるようにしました。

③各Sectionの最後には，「try it（小問）」が設けられています。「try it」を解くことで，論点ごとの理解を確かめてください。

　　　　　各Sectionのはじめにある◈は，重要度を表しています。重要度は5段階に分かれていて，◈の数が多いほど，重要度が高いことを示しています。

♥ ちょっと一息

～ 簿記を学ぶことの意味 ～

みなさんは「簿記の勉強をして何になるのだろう」って、思われたことはありませんか？

私自身、そういう疑問をもったこともありますし、事実、教室で講師をしている頃の一番困った質問でした。

確かにこの勉強を進めていくと、意思決定会計や連結会計、キャッシュ・フロー会計と、実務的に必要でかつ有用な知識がいっぱい入ってきます。

しかし、簿記の有用性はそれだけではなく、もっと初歩的なところにもあります。それは「仕訳」です。

仕訳というものは、様々な状況を定型化していく作業です。そうしてそれは、簿記でいう取引だけでなく、日常のすべての事象で行えるものなのです。なんせ、仕訳は企業の日記なのですから。

たとえば、みなさんが「転んで怪我して血が出て痛かった」としましょう。

これでも仕訳できます。

     （借）痛　　　　い（費用）　×××　　　　（貸）血　　　液（資産）　×××

血液というのは自分にとって必要不可欠な資産です。それを失って、痛いという費用になる。血液がいっぱい出れば痛みも大きい、少なければ痛みも少ないということを示しています。

この仕訳が自由に使えるようになれば、すべての状況を定型化して、それを使って足し算も引き算もできます。つまり、いまみなさんがおかれている状況に "これがあったら" も "これさえなければ" も、そしてその後の状況も、すべてを想定していくことができるのです。

これがその人の大きな武器になるものです。

この武器を、みなさんも是非、手に入れてください。

Chapter 1

イントロダクション

　あなたがパーティの幹事を引き受けたとします。皆から会費を集めてパーティを開き，それが終わったあとに会計報告をするでしょう。会計（accounting）には「"申し開き"をする」という意味があります。つまりお金を何にいくら使ったのかを説明するんですね。

　企業でも（主に）出資者に対して"申し開き"が行われます。具体的には財務諸表（という報告書）を通じて，どのような使途にいくらのお金を使い，結果として利益がいくら残ったのかを1年ごとに報告するのです。そのためには簿記が必要です。

財務諸表

はじめに ■ 財務諸表には，貸借対照表（財産に関する報告を行う）と損益計算書（利益に関する報告を行う）の２つがあります。女性がお見合いのときに相手の"財産"や"稼ぎ"を気にするのと同じですね。
ところで，財務諸表を作成するためには日々の経営活動を帳簿に記録します。これを「簿記」と呼んでいます。さしあたって簿記とはどのようなものなのか，考えていくことにしましょう。

簿記とは

　簿記とは，企業の経営活動（取引）を帳簿に記録して，それをもとに財務諸表を作成するまでの一連の手続をいいます。

簿記の種類

　簿記は色々な角度から分類することができますが，さしあたって，商業簿記と工業簿記の，そして建設業簿記の違いについて説明しましょう。

商業簿記 ● 例えば，東京・秋葉原に大型家電販売店がありますね。彼らはふつう**仕入れた商品をそのままお客に売るでしょう**[01]。彼らのような企業が**商品売買業**と呼ばれているわけです。**商業簿記**はこうした企業で用いる簿記です。

01）これは，加工をするなどの手をいっさい加えないでという意味です。

工業簿記 ● 皆さんにもお馴染みのトヨタ自動車・オンワード樫山・アップルコンピュータなどに共通の特徴は，製造業（メーカー）であるということですね。つまり，仕入れたものをそのまま売るのではなく，**それを原材料として自動車・洋服・コンピュータ等の製品に加工し，販売しています**[02]。彼らのような**製造業**で用いるのが**工業簿記**です。製造業では簿記とあわせて**原価計算**を行うのがふつうです[03]。

02）他人が作ったものをそのまま販売する場合それを「商品」，加工した上で販売する場合「製品」といいます。
03）商品売買業のように簡単にコストを計算できないので，原価計算を行うのです。

建設業簿記 ● 建設業において採用されるのが，**建設業簿記**です。建設業簿記は工業簿記に非常に似ています。

簿記の目的

簿記は次のようなことのために行われ，企業に関係のある人たちに報告されます。

改善策を考える ● 日々の活動をもれなく帳簿に記入して，**経営方法の良悪を反省したり，改善策を考えたり，今後の方針を決定する**ために行われます。

利益を計算する ● 一定の期間（ふつう１年とか半年）の間に，どれぐらいの利益をあげたかを計算するために行われます[04]。

04) このことを「経営成績を明らかにする」といいます。

財産を計算する ● 金銭の収支にかぎらず，企業は預金・自動車・土地・建物など多くの物品を所有しています。それらの内容は絶えず変化しますので，これらの**内容を明らかにする**ために行われます[05]。

05) このことを「財政状態を明らかにする」といいます。

会計期間

財務諸表は各会計期間ごとに作成されます。**会計期間とは，会社の利益（または損失）を計算するために区切られた一定の期間（通常１年）**をいい，会計期間の始まりの日を「期首」，終わりの日を「期末」，そして期末には決算を行うことから「決算日」ともいわれます。

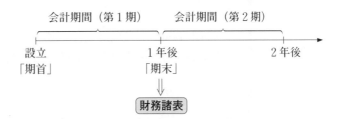

また，決算日において帳簿の内容を整理し，財務諸表を作成する手続を決算手続といいます。

貸借対照表

企業の一定時点における財政状態を明らかにする財務諸表を貸借対照表（Balance Sheet＝B/S）といいます。

貸借対照表は，**資産，負債，資本（純資産）の３つの要素**から構成されています。

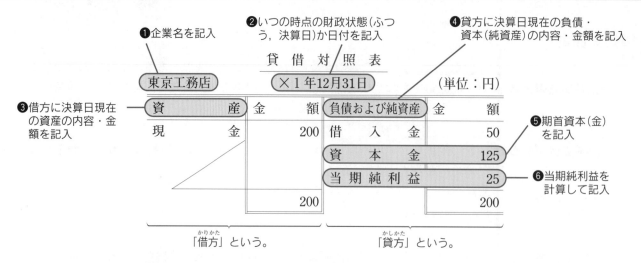

❶企業名を記入

❷いつの時点の財政状態(ふつう, 決算日)か日付を記入

❹貸方に決算日現在の負債・資本(純資産)の内容・金額を記入

貸 借 対 照 表

東京工務店　　　　×１年12月31日　　　　(単位：円)

❸借方に決算日現在の資産の内容・金額を記入

資　　産	金　額	負債および純資産	金　額
現　金	200	借　入　金	50
		資　本　金	125
		当 期 純 利 益	25
	200		200

❺期首資本(金)を記入

❻当期純利益を計算して記入

「借方」という。　　　　　　　　　　「貸方」という。
_{かりかた}　　　　　　　　　　　　　　　　_{かしかた}

資産の合計と, 負債・純資産の合計は必ず一致します。

資　産

貸借対照表の借方[06] を構成するものが資産です。資産とは企業が所有する現金や預金などの金銭や, 建物・土地などの物, 貸付金などの権利の総称です。
具体的には次の項目(勘定科目)[07] があります。

06) 借方＝左側
簿記の世界では左側のことを借方と呼びます。

07) 簿記の世界における計算の単位です(詳しくはSection 2参照)。

現　　　　　金……通貨, 他人振出小切手, 社債の利札等
小 口 現 金……少額の経費の支払いのために用意された現金
当 座 預 金……主に小切手や手形の代金決済のために設けられた銀行預金
普 通 預 金……いつでも出し入れ可能な銀行預金
通 知 預 金……一時的に多額の余裕資金ができた時に使われる銀行預金
　　　　　　　　　(原則として１口５万円以上, ７日以上預けることが必要)
定 期 預 金……貯蓄性預金であらかじめ定められた期間預ける銀行預金
貸 付 金……他人に金銭を貸した場合に生じる債権
建　　　　　物……社屋・倉庫・工場等
備　　　　　品……金庫・ロッカー・机・パソコン等
土　　　　　地……自家用の土地
受 取 手 形……得意先との間に発生した営業上の手形債権を処理する勘定
完成工事未収入金……工事代金の未収額を処理する勘定(一般企業における売掛金と同様)
有 価 証 券……株式や社債, 国債等
未成工事支出金……工事途中の原価を表す勘定 (一般企業における仕掛品と同様)
材　　　　　料……鉄骨・セメント・木材等
貯 蔵 品……燃料・油等で工事のために補助的に使用され, 未使用のもの
手形貸付金……手形を用いて資金の貸付けをした時に生じる債権
前払保険料　┐
前払地代　　│
前払家賃　　├ 後述
前払利息　　┘

未 収 入 金……固定資産や有価証券等の売却代金のうち，未収の金額

未 収 家 賃　┐

未 収 利 息　├ 後述

未収手数料　┘

立 替 金……従業員または得意先等への立替払いについて生じた債権

仮 払 金……金額が確定していない場合に使用する一時的な勘定

前 渡 金……工事に関する費用の前払に使用する勘定

構 築 物……橋・貯水池・煙突等の土地に定着する土木設備，又は工作物

車両運搬具……軌条車両・自動車，その他陸上運搬具

船 舶……浚渫船，砂利採取船，モーターボート等

工 具 器 具……各種の工具又は器具

貸倒引当金(08)　┐
　　　　　　　　├ 後述
減価償却累計額(08)┘

08)これらの科目は資産のマイナスを表す科目であり，貸方項目となります。

負　債● 貸借対照表の貸方(09)を構成する1つの要素が負債です。負債とは借入金など，企業が他者に対して，返済義務を負うものの総称です。

　具体的には次の項目（勘定科目）があります。

09)貸方＝右側
簿記の世界では右側のことを貸方と呼びます。
以下のように覚えましょう。

かりかた｜かしかた

借 入 金……他人から金銭を借りた場合に生じる債務

支 払 手 形……仕入先または外注先との間に発生した営業上の手形債務を処理する勘定

工事未払金……工事費用の代金の未払額を処理する勘定

未 払 金……固定資産や有価証券等の購入代金のうち未払いの金額

未 払 家 賃　┐

未 払 利 息　├ 後述

未 払 地 代　┘

未成工事受入金……工事完成・引渡し前の工事代金の前受額を処理する勘定

預 り 金……他人から金銭を預かった場合に生じる債務

従業員預り金……従業員から金銭を預かった場合に生じる債務（所得税，社会保険料等）

前 受 家 賃　┐

前受賃貸料　├ 後述

前 受 利 息　┘

仮 受 金……受け取った金銭の内容が不明な時に使用する一時的な勘定

当 座 借 越……当座預金の一時的な借入れ

手形借入金……手形を用いて資金の借入れをした時に生じる債務

資本(純資産) ● 貸借対照表の貸方を構成するもう１つの要素が資本(純資産)です。資本(純資産)とは，資産と負債の差額であり，資本金など，いわゆる元手にあたる部分です。

　具体的には次の項目(勘定科目)があります。

> 資　本　金……事業主(店主)の元手
> 事業主借勘定……事業主による会社への一時的な出資額
> 事業主貸勘定[10]…事業主による会社からの一時的な引出額

10)事業主貸勘定は資本(純資産)の勘定でありながら，借方項目となる科目です。

なお，このような具体例は学習が進むにつれて自然とマスターできます。今暗記する必要はありませんので安心してください。

資産・負債・資本(純資産) ● 貸借対照表より，資産および負債・資本(純資産)の関係は次の計算式で表すことができます。
の関係

> 資　　　産　＝　負　　　債　＋　資本(純資産)　……　貸借対照表等式
> 資本(純資産)　＝　資　　　産　－　負　　　債　……　資　本　等　式

貸借対照表等式 ● 貸借対照表の資産と負債・資本(純資産)の合計は必ず一致することを示す算式です。
　　　資産＝負債＋資本(純資産)
貸借対照表の借方(＝資産の項目が記入されている)合計と貸方(＝負債と資本(純資産)の項目が記入されている)合計とが必ず一致することを示した等式です。

資本等式 ● 資本(元手)を計算するための計算式です。
　　　資産－負債＝資本(純資産)
企業の資産の中から返済すべき負債を差し引くと，正味の元手(＝資本(純資産))が計算できることを示した等式です。

損益計算書

　企業の会計期間の経営成績を明らかにする財務諸表を損益計算書(Profit and Loss Statement＝P/L)といいます。

　損益計算書は費用，収益の２つの要素から構成され，差額として利益(または損失)が算定されます。

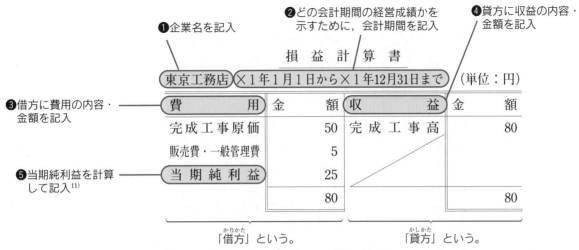

❶企業名を記入
❷どの会計期間の経営成績かを示すために，会計期間を記入
❹貸方に収益の内容・金額を記入
❸借方に費用の内容・金額を記入
❺当期純利益を計算して記入[11]

損　益　計　算　書

費　　　用	金　　額	収　　　益	金　　額
完 成 工 事 原 価	50	完 成 工 事 高	80
販売費・一般管理費	5		
当 期 純 利 益	25		
	80		80

東京工務店 ×1年1月1日から×1年12月31日まで （単位：円）

「借方_{かりかた}」という。　　　　　「貸方_{かしかた}」という。

費用および当期純利益の合計と，収益の合計は必ず一致します。

費用・収益とは ● 費用，収益とは利益（損失）を計算するために必要な要素です。収益とは，企業活動の結果得られた成果を金額で示したもので，完成工事高，受取手数料，などを総称し，収益といいます。

11）この利益計算の方法を損益法といいます（以下の利益の計算方法参照）。

　また費用とは成果を得るために費した企業の努力を金額で示したもので，完成工事原価，給料，支払手数料などを総称し，費用といいます。

収　益 ● 収益に属する項目（勘定科目）には次のものがあります。

> 完成工事高……完成して引渡した工事の代金・一般企業における売上，営業収益ともいう。
> 受 取 利 息……預貯金の利子，貸付金の利子等
> 受 取 地 代……土地の貸借料の受取り
> 受 取 家 賃……建物の貸借料の受取り
> 雑 　収 　入……他の収入科目にあてはまらず，少額なもの
> 受取配当金……株式等による配当金
> 有価証券利息……公社債の利子
> 受取手数料……商品以外のサービスを提供して得た代金
> 有価証券売却益……有価証券の売却により生じた損益

費　用 ● 費用に属する項目(勘定科目)には次のものがあります。

完成工事原価	…… 完成して引渡した工事の原価・一般企業における売上原価
給　　　料	…… 従業員に対する給料・賞与
事務消耗品費	…… 日常の事務用消耗品・文具，等
通　信　費	…… 電話代・切手代等
旅費交通費	…… 電車・バス・タクシー代等
動力用水光熱費	…… 水道代・電気代・ガス代等
支払地代	…… 土地の賃借料の支払い
支払家賃	…… 建物の賃借料の支払い
雑　　　費	…… 他の支出科目にあてはまらず，少額なもの
支払利息	…… 借入金の利子
雑　支　出	…… 他の支出科目にあてはまらず，少額なもの
役員報酬	…… 役員に対する報酬・賞与・退職金
給料手当	…… 従業員に対する給料・賞与
退　職　金	…… 従業員に対する退職金
法定福利費	…… 健康保険料・社会保険料・労災保険料
福利厚生費	…… 従業員の医療保健衛生費，厚生施設備費
修繕維持費	…… 機械等の修繕，ＯＡ機器の保守管理費等
広告宣伝費	…… 新聞・雑誌・ポスターなどの広告費
貸倒引当金繰入額	…… 後述
交　際　費	…… 取引先の接待費，贈答品代
寄　付　金	…… 神社・寺院・学校・公益団体への寄付
減価償却費	…… 後述
租税公課	…… 収入印紙，固定資産税，自動車税
保　険　料	…… 火災保険，自動車保険
支払利息	…… 借入金の利子
手形売却損	…… 手形割引時の割引料
有価証券売却損	…… 有価証券の売却による損益
有価証券評価損	…… 期末において，有価証券の時価が簿価よりも下がった場合の損失

損益計算書等式 ● 損益計算書の費用および当期利益と収益の合計は必ず，一致することを示した等式です。

　この損益計算書等式によって，損益計算書が作成されます。

$$費　用　＋　純　利　益　＝　収　益$$

損益法 ● 損益計算書で当期純利益を計算するための等式です。

> 収益合計－費用合計＝当期純利益（マイナスの場合は，当期純損失）

　これは，一定期間（会計期間）について，収益と費用を対応させ，収益から費用を控除した差額を利益または損失として算出する損益計算の方法を表しています。

利益の一致

　貸借対照表と損益計算書で計算された当期純利益は，おなじ企業のおなじ会計期間のものであれば，必ず一致します。そこで，なぜ一致するのかを簡単な例で考えてみることにしましょう。

　例えば，あなたが新宿の街頭でアクセサリーを売ることにして[12]，資金を現金で¥100,000用意したとしましょう。この ¥100,000すべてを商品に換えて街頭で残らず販売し，一日たったら現金で ¥160,000が手もとに残りました。これを図にすると次のようになります。

12）東京ではこの種の露店アクセサリーショップをよく見かけます。

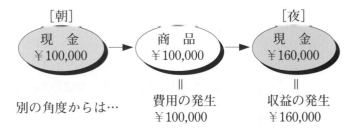

この図から当期純利益の計算を考えると次の**2通りの方法**が考えられます。

その1 ● 当初用意した資金 ¥100,000が最終的に ¥160,000に増えていた。そこで**期末資本（純資産）¥160,000から期首資本（純資産）¥100,000を差し引いて当期純利益を計算する**という考え方。→財産法の発想

その2 ● 商品を ¥100,000で仕入れ，それを ¥160,000で販売した。そこで，**収益 ¥160,000から費用 ¥100,000を差し引いて当期純利益を計算する** という考え方。

→損益法の発想

　つまりおなじお金の流れを，別の角度から見ることで2つの違いがあります。したがって，2つの方式で計算される当期純利益は一致することになります[13]。

13）なお，損益計算書と貸借対照表の当期純利益が一致しない場合，どこかで計算を間違えていることがわかります。このように簿記では自分の計算をセルフチェックできるようになっています。

try it

例題 財務諸表

(1) 京都商店の開業時（×1年1月1日）の資産及び負債・資本（純資産）は，次のとおりです。よって，期首の貸借対照表を作成しなさい。

現　金（　?　）　建　物 ¥400,000　借入金 ¥100,000
資本金 ¥500,000

解答欄

貸 借 対 照 表

京都商店		×1年1月1日		（単位：円）
資　　産	金　額	負債及び純資産	金　額	
（　　　　　）	（　　　　　）	（　　　　　）	（　　　　　）	
（　　　　　）	（　　　　　）	（　　　　　）	（　　　　　）	
	（　　　　　）		（　　　　　）	

(2) 京都商店の開業1年後（×1年12月31日）の資産及び負債・資本（純資産）は，次のとおりです。よって×1年12月31日の貸借対照表を作成しなさい。

現　金 ¥220,000　完成工事未収入金 ¥270,000　建　物 ¥400,000
工事未払金 ¥170,000　借入金 ¥150,000　資本金 ¥500,000

解答欄

貸 借 対 照 表

京都商店		×1年12月31日		（単位：円）
資　　産	金　額	負債及び純資産	金　額	
（　　　　　）	（　　　　　）	（　　　　　）	（　　　　　）	
（　　　　　）	（　　　　　）	（　　　　　）	（　　　　　）	
（　　　　　）	（　　　　　）	（　　　　　）	（　　　　　）	
		（　　　　　）	（　　　　　）	
	（　　　　　）		（　　　　　）	

(3) ×1年1月1日に開業した京都商店の1年間（×1年12月31日まで）の収益と費用は，次のとおりです。よって，損益計算書を作成しなさい。

完成工事高 ¥420,000　受取手数料 ¥15,000
完成工事原価 ¥240,000　給　料 ¥120,000　支払利息 ¥5,000

解答欄

損 益 計 算 書

京都商店　　×1年1月1日から×1年12月31日まで　　（単位：円）

費　　　　用	金　　　額	収　　　　　益	金　　　額
（　　　　　　）	（　　　　　　）	（　　　　　　）	（　　　　　　）
（　　　　　　）	（　　　　　　）	（　　　　　　）	（　　　　　　）
（　　　　　　）	（　　　　　　）		
（　　　　　　）	（　　　　　　）		
	（　　　　　　）		（　　　　　　）

(4)　次の表の空欄に適当な金額を記入しなさい。

期首資本(純資産)	期末資本(純資産)	当期収益	当期費用	当期純利益
250,000	（　　　　　）	90,000	70,000	（　　　　　）
300,000	330,000	123,000	（　　　　　）	（　　　　　）
（　　　　　）	225,000	（　　　　　）	85,000	45,000
315,000	（　　　　　）	185,000	（　　　　　）	65,000

解　答

(1)

貸 借 対 照 表

京都商店　　　　　　　×1年1月1日　　　　　　　（単位：円）

資　　　　産	金　　　額	負債及び純資産	金　　　額
（現　　　　金）	（　　*200,000*）	（借　入　　金）	（　　*100,000*）
（建　　　　物）	（　　*400,000*）	（資　本　　金）	（　　*500,000*）
	（　　*600,000*）		（　　*600,000*）

(2)

貸 借 対 照 表

京都商店　　　　　　　×1年12月31日　　　　　　（単位：円）

資　　　　産	金　　　額	負債及び純資産	金　　　額
（現　　　　金）	（　　*220,000*）	（工 事 未 払 金）	（　　*170,000*）
（完成工事未収入金）	（　　*270,000*）	（借　入　　金）	（　　*150,000*）
（建　　　　物）	（　　*400,000*）	（資　本　　金）	（　　*500,000*）
		（当 期 純 利 益）	（　　 *70,000*）
	（　　*890,000*）		（　　*890,000*）

(3)

損 益 計 算 書

京都商店　　　　×1年1月1日から×1年12月31日まで　　　　（単位：円）

費　　　　用	金　　額	収　　　　益	金　　額
（完 成 工 事 原 価）	（240,000）	（完 成 工 事 高）	（420,000）
（給　　　　料）	（120,000）	（受 取 手 数 料）	（15,000）
（支 払 利 息）	（5,000）		
（当 期 純 利 益）	（70,000）		
	（435,000）		（435,000）

(4)

期首資本(純資産)	期末資本(純資産)	当期収益	当期費用	当期純利益[14]
250,000	（270,000）	90,000	70,000	（20,000）
300,000	330,000	123,000	（93,000）	（30,000）
（180,000）	225,000	（130,000）	85,000	45,000
315,000	（380,000）	185,000	（120,000）	65,000

14)
当期収益－当期費用＝当期純利益
期首資本（純資産）＋当期純利益＝
期末資本（純資産）
という点が理解できれば空欄はパ
ズルのように埋まります。

仕訳・転記

はじめに ■ 簿記の世界ではある出来事，つまり簿記上の取引を整理して書き留めておくために，帳簿に借方（左側）貸方（右側）という２つの記入面を作り，借方に書く内容と貸方に書く内容とに分けて記入します（すべての出来事に原因と結果があるからです）。そこで１つの取引を借方に書く内容と貸方に書く内容とに分けることが必要になります。この作業を仕訳と呼びます。さて，この仕訳，どのように行えばよいのでしょうか。

簿記上の取引とは

01）ここでは，「取引」という言葉が一般的な意味とは違っていることに注意してください。

　企業の資産・負債・資本（純資産）を変化させるすべてのことがらを簿記上の取引[01]といいます。またそれらは，帳簿に記入しなければならないものを意味しています。あることがらが簿記上の取引であるかどうかは，それによって資産・負債・資本（純資産）が変化したかどうかによって判断します。

　例えば，商談や売買契約を交わしただけでは資産・負債・資本（純資産）に変化がありませんので，それは簿記上の取引とはいえません。また逆に，火事や盗難などのようにふつう「取引」とはいわないことがらでも，資産・負債・資本（純資産）に変化があるとそれは簿記上の取引となります。

ふつうの取引と簿記上の取引の相違

02）建物を借りる契約を交わし，その場で保証金や前家賃を現金で支払えば，それは簿記上の取引であるとともに，ふつうにいう取引にもなります。

　ふつうの取引と簿記上の取引の相違[02]を図の形でまとめると次のとおりです。

ふつうの取引と簿記上の取引の相違

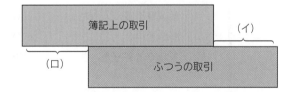

（イ）ふつうの取引であるが，簿記上の取引ではないもの

　商談をしたり，ビルや店舗の敷地を借りる契約をした場合は，ふつう取引といいますが，単に契約しただけでは企業の**資産・負債・資本（純資産）に増減の変化がない**ので簿記上の取引にはなりません。

（ロ）簿記上の取引であるが，ふつうの取引ではないもの

　現金が盗難にあった場合や火災によって店舗を失った場合は，ふつう取引とはいいませんが，**現金や建物など資産が減少する**ので，簿記上の取引になります。

前ページの図のように，ふつうの取引と簿記上の取引とは必ずしも一致しないということを理解することが大切です。ここで，日頃生じる**出来事のすべてを帳簿に記入するわけではなく，簿記上の取引のみを記入する**点に注意してください。

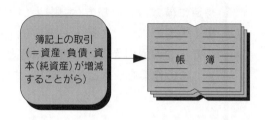

仕訳とは

例えば，銀行から現金を借り入れたときには，現金という**資産が増え**ますが，一方では借入金という**負債が増え**ます。また車を現金で買ったら車両という**資産が増える**ものの，一方では現金という**資産が減る**ことになります。このように簿記上の取引はすべて原因と結果という2つの側面を持っています。

仕訳とはこのような簿記上の取引を借方の側面と貸方の側面に分け，借方と貸方の具体的な項目[03]**と金額を決定する**ことです。

03) これを勘定科目といいます。

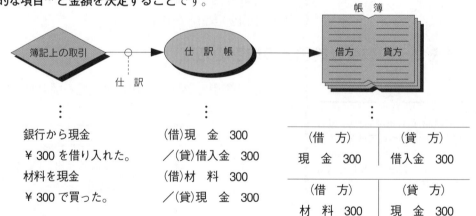

銀行から現金	(借)現　金　300	（借　方）	（貸　方）
¥300を借り入れた。	／(貸)借入金　300	現　金　300	借入金　300
材料を現金	(借)材　料　300	（借　方）	（貸　方）
¥300で買った。	／(貸)現　金　300	材　料　300	現　金　300

仕訳のしかた

次に仕訳のしかたについて説明しましょう。仕訳は次の3つのステップから出来ています。

仕訳の方法

Step 1 ● 取引を2つの側面（**借方と貸方の要素**）に分解する。

Step 2 ● 借方と貸方の**勘定科目**を決定する。

Step 3 ● 借方と貸方の**金額**を決定する。

04) 単に資産が増加したというだけでは，建物が増えたのか現金が増えたのかがわかりませんね。そこで，具体的に何の資産が増えたのかをはっきりさせるために，勘定科目を決定します。これは負債についても同様です。

つまり，簿記の5要素と勘定科目との間には，例えば東京都と東京23区のような関係があることになります。

05) 1つの取引を2つの側面から見るため，金額は借方・貸方ともに同じ金額になります。

例えば，T銀行から現金で￥100,000を借り入れた場合には次のように考えます。

▶ Step 1 → **借方の要素**：資産の増加，**貸方の要素**：負債の増加

▶ Step 2 → **借方の勘定科目**：現　金[04]，**貸方の勘定科目**：借入金

▶ Step 3 → **借方の金額**，**貸方の金額**とも￥100,000 [05]

fin. →（借）現　金　　100,000　　（貸）借入金　　100,000

なお，次の「取引要素の結合関係」に示すとおり，**簿記上の取引はすべて，ある借方要素と貸方要素とが結びついて発生します**。そのうち代表的なものが図中の実線で示されているものです。したがって，簿記上の取引を借方と貸方に分解するときには(Step 1)，**取引要素の結合関係を知っておくことが大切**です。

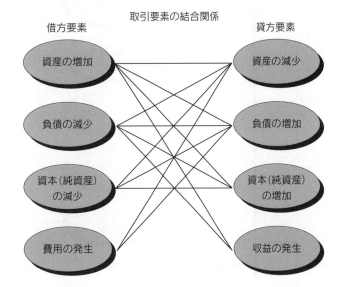

取引要素の結合関係

具体例で仕訳を学ぶ

ある会社の1カ月間の代表的な取引を例にとって, 仕訳のしかたを説明しましょう。

[取 引]

4.1　本日, 現金で¥10,000を元入れ（出資）して開業した[06]。

4.3　A銀行から現金で¥2,000を借り入れた。

4.7　材料¥3,000を現金で購入した。

4.16　完成した建物を現金¥5,000で引き渡した。

4.24　家賃¥500と事務員給料¥800を現金で支払った。

4.30　A銀行に対する借入金¥2,000を現金で返済した。

06) この仕訳はわかりにくいものの1つです。コツはあなた個人と店（仕事）を区別して考えることです。
● 店にとっての現金は増えるのでしょうか, それとも減るのでしょうか？
● 店にとっての元手は増えるのでしょうか, それとも減るのでしょうか？

仕訳のしかた ●▶Step 1 → ページの取引要素の結合関係を見ながら, それぞれの**取引を借方要素と貸方要素に分解**します。なお, 1カ月間の取引を分解した結果は次のとおりです。

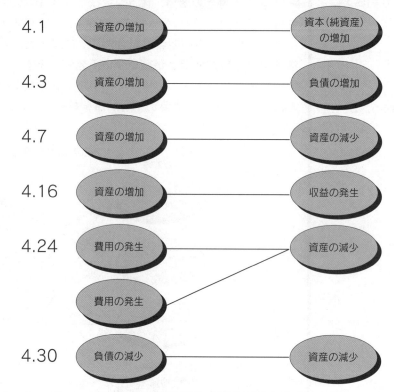

	借方要素	貸方要素
4.1	資産の増加	資本（純資産）の増加
4.3	資産の増加	負債の増加
4.7	資産の増加	資産の減少
4.16	資産の増加	収益の発生
4.24	費用の発生 / 費用の発生	資産の減少
4.30	負債の減少	資産の減少

07) 最もふさわしい勘定科目を選びます。

▶Step 2 → Chapter 1を参考に**借方・貸方の勘定科目**を決定します[07]。

4.1　借　方：**現　　　金**，　貸　方：**資　本　金**

4.3　借　方：**現　　　金**，　貸　方：**借　入　金**

4.7　借　方：**材　　　料**，　貸　方：**現　　　金**

4.16　借　方：**現　　　金**，　貸　方：**完成工事高**

4.24　借　方：**支 払 家 賃**，　貸　方：**現　　　金**
　　　　　　　　給　　　料

4.30　借　方：**借　入　金**，　貸　方：**現　　　金**

08) 1つの出来事(取引)を2つの
側面から眺めているわけですか
ら, 金額は一致するはずですね。

▶ Step 3 → **借方・貸方の金額**を決定します。なお, このとき借方あるいは貸方の勘定科目が2つ以上になったときにも, 借方・貸方の金額は必ず一致します[08]。

4.1	借 方: ¥ 10,000 ,	貸 方: ¥ 10,000
4.3	借 方: ¥ 2,000 ,	貸 方: ¥ 2,000
4.7	借 方: ¥ 3,000 ,	貸 方: ¥ 3,000
4.16	借 方: ¥ 5,000 ,	貸 方: ¥ 5,000
4.24	借 方: ¥ 500 ,	貸 方: ¥ 1,300
	¥ 800	
4.30	借 方: ¥ 2,000 ,	貸 方: ¥ 2,000

まとめ

4.1	(借)現 金	10,000	(貸)資 本 金	10,000
4.3	(借)現 金	2,000	(貸)借 入 金	2,000
4.7	(借)材 料	3,000	(貸)現 金	3,000
4.16	(借)現 金	5,000	(貸)完成工事高	5,000
4.24	(借)支払家賃	500	(貸)現 金	1,300
	給 料	800		
4.30	(借)借 入 金	2,000	(貸)現 金	2,000

転記とは

09) 勘定口座は, ある勘定科目の
増減を記録するために設けられま
す。

10) この作業を転記といいます。

11) 仕訳帳は日々の仕訳を発生順
に記入した帳簿です。

　上記のような問題を解決するためには, 仕訳をしたあとそれぞれの**勘定科目の増減を1カ所にまとめておく必要**があります。そのために**勘定口座**[09]を作り, 仕訳した結果をそこに書き移す**ようにします[10]。

簿記上の取引 → 仕訳(帳)[11] ○→ 勘定口座
転記

　このようにすると, 特定の勘定科目の増減が一目でわかるようになり, 例えば, 1カ月間の売上高を調べたり, 月末の現金残高がいくらかということが簡単にわかります。

転記のしかた

⚠️

12) 勘定口座の集合体です。

13) 仕訳の借方科目はその勘定の借方に，貸方科目はその勘定の貸方にそれぞれ転記します。

転記とは仕訳された取引の内容を総勘定元帳[12] に書き移す作業をいいます。

転記に際し，各勘定口座には，①日付，②仕訳の相手勘定，③金額の3つを記入していきます。その手順は次のとおりです[13]。

14) 現金の勘定口座にとって借入金が相手勘定，借入金の勘定口座にとって現金が相手勘定となります。

15) この例では現金勘定に転記する際の相手勘定が複数あることになります。

相手勘定が複数ある場合には，相手勘定を記入する代わりに**諸口**とします[15]。

勘定記入のルール

勘定口座に記入を行う場合のルールは次のとおりです。**例えば，資産に属する勘定であれば増加は借方に，減少は貸方に記入するようにして下さい。**ということは，仕訳を行うときのルールと全く同じですね。

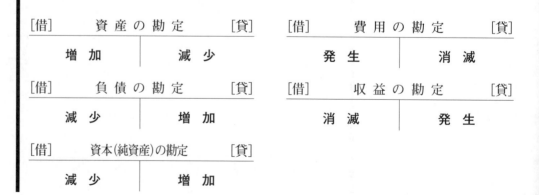

try it 例題 簿記上の取引

Q

問1 次の（　）の中にあてはまる言葉を入れなさい。

　企業の（　①　）・（　②　）・（　③　）を変化させるすべてのことがらを簿記上の（　④　）といい，（　⑤　）に記入しなければならないものを意味している。あることがらが簿記上の（　④　）であるかどうかは，それによって（　①　）・（　②　）・（　③　）が変化したかどうかによって判断する。

解答欄

①		②		③		④		⑤	

問2 次の文章のうち，簿記上の取引となるものを選び，番号で示しなさい。

(1) 材料 ¥ 50,000 を購入し，代金は現金で支払った。
(2) 工事 ¥ 200,000 の受注を受けた。
(3) 銀行から現金 ¥ 40,000 を借り入れた。
(4) 倉庫を月額 ¥ 30,000 で借りる契約を結んだ。
(5) 作業員の給料 ¥ 20,000 を現金で支払った。
(6) 事務所金庫の現金 ¥ 5,000 が盗まれた。

解答欄

解答

問1

①	資　産	②	負　債	③	資本(純資産)	④	取　引	⑤	帳　簿

問2 　(1), (3), (5), (6)

　(2)の場合，受注を受けたこの段階では，資産・負債・資本(純資産)が増減していません。したがって簿記上の取引ではありません。

　(4)は，一見すると取引のように見えます。しかし ¥ 30,000 の家賃を実際に支払ったわけではないので，資産・負債・資本(純資産)は増減していません。したがって，これも簿記上の取引ではありません。

try it 例題 仕 訳

Q 次の取引の仕訳を示しなさい。

5.1 本日，現金 ¥ 20,000 と建物 ¥ 60,000 を元入れ（出資）して開業した。

5.6 Ｂ銀行から現金で ¥ 30,000 を借り入れた。

5.10 材料 ¥ 10,000 を現金で購入した。

5.14 完成した建物を現金 ¥ 20,000 で引き渡した。

5.26 家賃 ¥ 5,000 と電話代 ¥ 500 を現金で支払った。

5.31 Ｂ銀行に対する借入金 ¥ 30,000 を利息 ¥ 2,000 とあわせて現金で返済した。

解答欄

5.1				
5.6				
5.10				
5.14				
5.26				
5.31				

解 答

16)「建物」は資産の勘定です。

17)「支払利息」は費用の勘定です。

5.1	（借）現　　　　　金	20,000	（貸）資　本　金	80,000
	建　　　物16)	60,000		
5.6	（借）現　　　　　金	30,000	（貸）借　入　金	30,000
5.10	（借）材　　　　　料	10,000	（貸）現　　　金	10,000
5.14	（借）現　　　　　金	20,000	（貸）完 成 工 事 高	20,000
5.26	（借）支 払 家 賃	5,000	（貸）現　　　金	5,500
	通 信 費	500		
5.31	（借）借　入　金	30,000	（貸）現　　　金	32,000
	支 払 利 息17)	2,000		

try it 　**例題**　仕訳・転記

Q 次の取引を仕訳し，勘定口座に転記しなさい。

7.1	青山工務店は本日，現金 ¥200,000 とトラック ¥50,000 を元入れして開業した。
7.5	本日，S 銀行から現金で ¥100,000 を借り入れた。
7.15	現金で ¥80,000 の資材を購入した。
7.20	完成済建物を ¥150,000 で販売し，代金は現金で受け取った。
7.24	本日，事務員に給料 ¥30,000 と家主に家賃 ¥5,000 を現金で支払った。
7.29	本日，借入金の全額を返済し，利息 ¥2,000 とともに，現金で支払った。

解答欄

7.1				
7.5				
7.15				
7.20				
7.24				
7.29				

現　　金	借　入　金

	資　本　金

車　　両	完成工事高

材　　料	給　　料

支　払　利　息	支　払　家　賃

解 答

7.1	(借)現　　　　金	200,000	(貸)資　本　金	250,000
	車　　　　両	50,000		
7.5	(借)現　　　　金	100,000	(貸)借　入　金	100,000
7.15	(借)材　　　　料	80,000	(貸)現　　　　金	80,000
7.20	(借)現　　　　金	150,000	(貸)完 成 工 事 高	150,000
7.24	(借)給　　　　料	30,000	(貸)現　　　　金	35,000
	支 払 家 賃	5,000		
7.29	(借)借　入　金	100,000	(貸)現　　　　金	102,000
	支 払 利 息	2,000		

18) 相手勘定科目が複数ある場合は，記入する科目を「諸口」とすることに注意してください。

現　　金

7/1	資本金	200,000	7/15	材　料	80,000
5	借入金	100,000	24	諸　口	35,000 [18)]
20	完成工事高	150,000	29	諸　口	102,000 [18)]

車　　両

7/1	資本金	50,000

材　　料

7/15	現　金	80,000

支 払 利 息

7/29	現　金	2,000

借　入　金

7/29	現　金	100,000	7/5	現　金	100,000

資　本　金

	7/1	諸　口　250,000 [18)]

完成工事高

	7/20	現　金　150,000

給　　料

7/24	現　金	30,000

支 払 家 賃

7/24	現　金	5,000

建設業簿記の特徴

はじめに ■ 新人研修も終わり，あなたが初めて仕事に就いた日のことです。さっそく会社の総勘定元帳を手にとって眺めてみたのですが，そこには見慣れない勘定科目が多数あることに気がつきました。そこで，経理主任に聞いてみたところ，「うちは建設業だから一般の商品売買業とは使う勘定科目が少し違うんだよ」といいます。あなたはこの点を詳しく聞いてみることにしました。

●●●

建設業とは

　　建設業は，土木，建築など建設工事の施工を請け負い，これを完成させることを主な営業とする**受注産業**です。

　　建設業者は，請負契約により発注者から建設工事を引き受け，これを完成させて発注者に引き渡し利益を獲得します。

商品売買業と製造業（建設業）

　　簿記の世界では，対象とする企業を商品売買業と製造業の 2 つに分けて考えます。この分類に従うと建設業は製造業の 1 つとして分類されます。

01) 製造活動を行うのが商品売買業にない特徴です。

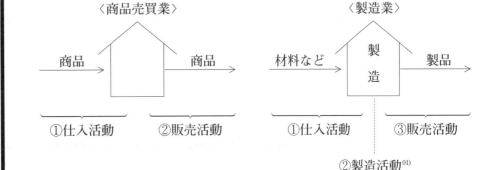

商品売買業 ● 商品売買業では ①仕入活動と ②販売活動を正しく記録していれば，そこから利益を計算することができます。したがって商品売買業では，①仕入活動と②販売活動をどのように記録するかという点に重点が置かれます。

製造業 ● これに対し製造業では，仕入活動と販売活動の記録のみでは利益を計算することはできません。すなわち，利益を計算するには，材料などを製品（自社で製作した商品を製品といいます）に完成させるため費した費用（製造原価）を計算する必要があります。また，この計算が正しくなければ，適正な利益を計算することはできません。したがって，建設業では製造活動をどのように記録するかという点に重点が置かれます。

建設業の特徴

一般製造業と比べると，建設業には次の特徴があります。

(1) 工事契約により契約（請負）価額が決まっていること（これは売上が当初から決まっていることを意味しています）。
(2) 契約価額が高額であること。
(3) 1つの工事を完成させるために長い期間を要する場合が多くあること。
(4) 受注産業であること。

このような理由から，建設業では**工事収益**の計上およびその**代金の回収手続**について独特な会計処理がみられます。

(5) 契約価額に比例して工事を完成させるための費用もまた高額であること。
(6) 工事を完成させるためには多くの作業が必要であること。そのため，多くの下請会社が存在し，工事の一部または全部について下請会社が作業を行う場合が多くあること。

このような理由から，建設業では**工事原価の計算**について独特な会計処理がみられます。

完成工事高の計上

工事完成基準 　一般の商品売買業では，商品を販売したときに「売上」という収益が発生します。建設業でも基本的にはこれと同じで，**工事が完成し，引渡しが終了したときに「完成工事高」という収益を計上します。**これを**工事完成基準**といいます。

完成工事高の処理 例えば，契約価額 ¥10,000,000の工事が完成し，顧客に引き渡し，同時に工事代金の全額を現金で受け取った場合に次のように仕訳します。

| （借）現　　　　金 | 10,000,000 | （貸）完 成 工 事 高 | 10,000,000 |

完成工事原価の計算

計算の流れ ● 計算手続の概要は次のとおりです。この計算手続はChapter 6で詳しく学習します。

02) 材料費…物品の消費によって発生する原価。

03) 労務費…人件費

04) 外注費…下請工事に係る費用。

05) 経　費…上の3つ以外のもので工事の完成に必要な原価。

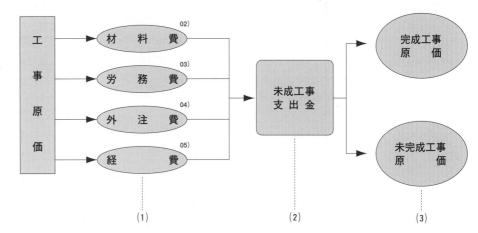

06) 建設業では、一般の製造業に比べて外注費の割合いが高いことから、これを独立した科目として取扱います。

(1)　工事原価の要素を**材料費**，**労務費**，**外注費**[06]，**経費**，の4つに分類し，それぞれの消費額を計算します。

(2)　4つの費目の消費額を**未成工事支出金勘定（資産の勘定）**に振り替えます。未成工事支出金勘定は原価要素の消費額を1つに集計するための勘定です。

(3)　未完成工事原価を計算し，それを，未成工事支出金勘定から控除することにより，完成工事原価が計算されます。

完成工事原価報告書 ● 建設業会計に特有の財務諸表で，損益計算書に記載される**完成工事原価の内訳明細を明らかにする**ものです。

　なお，この完成工事原価報告書に記載する項目には次のものがあります。
　　工事原価勘定……材料費，労務費，外注費，経費，未成工事支出金

〈参　考〉工事進行基準

　工事によっては完成までに1年を超える期間を要するものもあります。このような場合に工事が完成し，引渡しが済むのを待って完成工事高を計上すると，完成までの期間には工事のための支出（費用）はどんどん発生しているので，赤字になってしまうという不都合が生じてきます。そこで，建設業では，工事が1年を超えるものに限って工事の進行度合いを見積もり，その進行度合いに対応する収益を部分的に完成工事高として計上することも認められています。これを**工事進行基準**といいます。

　このように建設業では，完成工事高を「いつ」計上するかという点について2つの基準がありますが，3級の学習では**工事完成基準**による処理を正しく理解してください。

日商簿記（３級，２級）をすでに学習された方へ

建設業簿記特有の勘定科目と一般に用いる勘定科目の対応表を以下に示しておきます。

［日商簿記における勘定科目］		［建設業会計における勘定科目］
材　　　　料	─────→	材　　　　料
労 務 費（賃　金）	─────→	労 務 費（賃　金）
経　　　　費	─────→	外　注　費
	└───→	経　　　　費
仕 掛 品（製　造）	─────→	未 成 工 事 支 出 金
製　　　　品	─────→	なし（完成と同時に引渡）
売　　　　上	─────→	完 成 工 事 高
売　上　原　価	─────→	完 成 工 事 原 価
売　　掛　　金	─────→	完 成 工 事 未 収 入 金
買　　掛　　金	─────→	工 事 未 払 金
未　　払　　金	─────→	未　払　金 [07]
前　　受　　金	─────→	未 成 工 事 受 入 金

07）工事経費の支払いに対するものは工事未払金となる場合があります。

try it 例題 完成工事高・完成工事原価の計算

Q 当期に行われた工事は次のとおりである。よって当期における (1)完成工事高, (2)完成工事原価および (3)(完成)工事利益を計算しなさい。

工事名	契約価額	工事原価	備　考
＃101工事	￥8,500,000	￥5,600,000	完成・引渡し
＃102工事	￥3,800,000	￥2,200,000	完成・引渡し
＃103工事	￥5,650,000	￥1,130,000	未　完　成
合　計	￥17,950,000	￥8,930,000	

解答欄

(1)		(2)		(3)	

解　答

(1)	￥12,300,000[*1]	(2)	￥7,800,000[*2]	(3)	￥4,500,000[*3]

* 1 ￥8,500,000＋￥3,800,000
　　＝￥12,300,000
* 2 ￥5,600,000＋￥2,200,000
　　＝￥7,800,000
* 3 ￥12,300,000－￥7,800,000
　　＝￥4,500,000

企業の外部活動の処理

Chapter 2

現金・預金

　Chapter 2からChapter 5までは，建設業を営む企業と外部との取引処理について学びます。まずこのChapterでは現金と預金についての処理を学びます。

　経理の仕事の中でも現金の管理はとても重要な仕事です。どの会社でも一日の終わりには現金のチェックをするはずです。では，もしその時に，帳簿上の現金の額と金庫の中の現金の額とが合わなかったら，どうすればよいのでしょうか。

　また，多額の現金を持つことは多くの危険がともないます。そこで，多くの会社では現金を銀行の当座預金口座に預金し管理しています。

　ここでは，現金にかかわる処理とともに当座預金にかかわる処理も併せ，マスターしてください。

現　金

はじめに ■ 一日の営業が終わり，あなたは金庫の現金を数えていました。すると，帳簿上の現金の残高と金庫の中の現金の金額とが一致しないことに気づきました。現金の出入りの中で，帳簿に書き忘れたものがあるようです。しかし，何を書き忘れたのかさっぱり思い出すことができません。このような場合にはあなたはどのように処理すればよいのでしょうか。

簿記上の現金

01) ①他人振出の小切手
　　②株主配当金領収証
　　③期限到来後の公社債利札
　　④郵便為替証書
　　などがあります。

　まず，現金を正しく処理するためには簿記上の現金(つまり現金勘定で処理されるもの)を正しく理解する必要があります。
　一般に**簿記上の現金には通貨のほか，通貨代用証券**[01] **が含まれます**。通貨代用証券は，金融機関に持ち込むことによって換金することができるので，通貨と同様に扱うことができるのです。

> 簿記上の現金 ＝ 通 貨 ＋ 通貨代用証券

現金過不足

02)これは一時的に，帳簿残高を実際残高に一致させるために用いる仮勘定です。

　帳簿上の現金の残高と実際の現金の金額との間に不一致が生じた時の処理をみていきましょう。
　帳簿上の現金残高と金庫にある実際の現金残高との差額を現金過不足といいます。この現金過不足が発生したときには，いったん帳簿上の現金残高を実際の現金の金額に合わせ，差額を現金過不足勘定[02] で処理しておきます。そして，記入もれの原因を調査し，判明すると，改めて正しい勘定に振り替えます。

現金過不足の処理

現金過不足が生じたとき ● 例えば，現金の実地調査をしたところ，帳簿残高より ¥2,000多かったとしましょう。このときは，現金勘定を ¥2,000増額するとともに，現金過不足勘定の貸方にその金額を記入します[03]。

03)帳簿の金額を実際の金額に合わせます。

(借)	現　　金	2,000	(貸)	現 金 過 不 足	2,000

　なお，不足額が生じたときは，現金勘定から不足額を減額するとともに，現金過不足勘定の借方に記入します。

原因が判明したとき● 現金過不足の原因が判明したときは，現金過不足勘定から，正しい勘定にその金額を振り替えます。

　例えば，上記の超過額のうち ¥1,600は利息を受け取った際の記入もれが原因であったとすれば，次のように仕訳します。

| （借）現 金 過 不 足 | 1,600 | （貸）受 取 利 息 | 1,600 |

決算のとき● 決算日において現金過不足の残高は，**雑損失勘定（費用の勘定）** または **雑収入勘定（収益の勘定）** に振り替えます[04]。

04）雑損失の代わりに雑支出，雑収入の代わりに雑益とすることもあります。

　イ：現金過不足勘定の借方残高（不足の場合）…雑損失勘定
　ロ：現金過不足勘定の貸方残高（過大の場合）…雑収入勘定

　例えば，上記の超過額のうち ¥400は決算日においてもその原因が不明なときは次のように仕訳します。

| （借）現 金 過 不 足 | 400 | （貸）雑 収 入 | 400 |

　また，決算手続中に現金過不足が発生したときは，現金過不足勘定は用いず，ただちに，雑損失または雑収入として処理します。

try it　例題　現金過不足

Q 次の一連の取引について仕訳を示しなさい。

① 現金の実際有高を調べたところ，帳簿残高より ¥1,000不足していた。
② その原因は，通信費 ¥600の記帳もれであることが判明した。
③ 決算につき，残額は雑損失勘定で処理することとした。

解答欄

①			
②			
③			

解答

①	（借）現 金 過 不 足	1,000	（貸）現　　金	1,000
②	（借）通 信 費	600	（貸）現 金 過 不 足	600
③	（借）雑 損 失	400	（貸）現 金 過 不 足	400

当座預金

はじめに ■ あなたの会社は，今まで取引の支払いを現金で行ってきました。しかし，「現金を持ち歩くと落とすかもしれないし，強盗にあう可能性も…」などという心配もあります。そこで，あなたは現金での支払いをなるべく減らそうと，当座預金口座を開設し，この口座を通じて各種支払いを行うことにしました。

当座預金

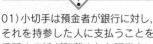

01) 小切手は預金者が銀行に対し，それを持参した人に支払うことを委託する旨が記載された証券をいいます。これは支払いの手段として多く用いられています。

02) このような小切手を特に「銀行渡り」といいます。

　当座預金は銀行預金の一種であり，**預金の引出しには小切手を用いる**こと，無利息であること，通帳が発行されないことがその特徴です[01]。

　また小切手は，万一紛失した場合でも，拾った人が勝手に換金することはできないようになっており，金銭で支払いをする場合に比べて安全なため，商取引などでよく用いられています[02]。

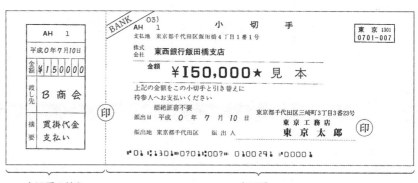

小切手の控え　　　　　　　　　　　　　　　小切手

当座取引の処理

当座預金への預入れ ● 現金を当座預金に預け入れたときには，**当座預金勘定（資産の勘定）の増加**として処理します。

例えば，現金 ¥500,000を当座預金に預け入れたときには次のように仕訳します。

（借）当 座 預 金	500,000	（貸）現 金	500,000

当座預金の引出し ● 小切手を振り出したときには，**当座預金勘定（資産の勘定）の減少**として処理します。

例えば，材料 ¥300,000を購入し，その代金を小切手を振り出して⁰³⁾ 支払った場合には，次のように仕訳します。

03)「小切手を振り出した」というだけで当座預金勘定を減少させます。

（借）材 料	300,000	（貸）当 座 預 金	300,000

try it 例題 当座預金

Q 次の一連の取引について仕訳を示しなさい。

① N銀行と当座取引契約を結び，当座預金口座に現金 ¥100,000を預け入れた。
② 横浜建材㈱に対する工事未払金 ¥35,000を小切手を振り出して支払った。
③ 借入金の利息 ¥8,000が当座預金から引き落とされた。

解答欄

①			
②			
③			

解答

①	（借）当 座 預 金	*100,000*	（貸）現 金	*100,000*
②	（借）工 事 未 払 金	*35,000*	（貸）当 座 預 金	*35,000*
③	（借）支 払 利 息	*8,000*	（貸）当 座 預 金	*8,000*

当座借越

はじめに ■「小切手を振り出すときには当座預金の残高をオーバーしないようにしてくださいね。不渡り[01]になりますから。」取引銀行の担当者に当座預金口座開設の際にこう言われました。でもいちいち銀行残高に注意して小切手を振り出すのはやはり面倒です。そこで，あなたは残高不足のときも一時的に銀行が立替払いをしてくれるという，当座借越契約を結ぶことにしました。

当座借越とは

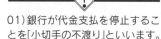

01）銀行が代金支払を停止することを「小切手の不渡り」といいます。

　取引銀行との間に当座借越契約を結んでおくと，当座預金残高を超えて小切手を振り出した場合に，超過額を一時的に銀行が立て替えて支払ってくれます。この立替額を「当座借越」といい，あなたにとっては**銀行からの一時的な借入れ**の意味をもっています。

当座借越の処理

借越時 ● 例えば，あなたは材料の掛代金支払のため ¥200,000の小切手を振り出しました[02]。このときの当座預金残高は ¥50,000であり，借越限度額 ¥300,000の当座借越契約を取引銀行との間に結んでいます。

02）材料の購入にかかわる掛代金は工事未払金勘定（負債）で処理されます。

　このときには，工事未払金を ¥200,000減らすとともに，当座預金勘定の貸方に ¥50,000と記入して当座預金残高をゼロとします。そして，不足分は**当座借越勘定（負債の勘定）の増加**として処理します。不足分 ¥150,000が銀行からの一時的な借入れとなるためです。

（借）	工 事 未 払 金	200,000	（貸）	当 座 預 金	50,000
				当 座 借 越	150,000

返済時 ● 次に当座預金口座に入金があったときには，まず当座借越の返済が行われます。例えば，あなたが現金 ¥400,000を当座預金に預け入れたとします（当座借越は ¥150,000あるものとします）。このとき銀行は，入金額の中から当座借越の金額を自動的に差し引き，残額 ¥250,000を当座預金とします。

　そこで，まず当座借越 ¥150,000を減らし，残りの ¥250,000について当座預金の増加として処理します。

（借）	当 座 借 越	150,000	（貸）	現　　　　金	400,000
	当 座 預 金	250,000			

try it 例題 | 当座借越

Q 次の各取引について仕訳を示しなさい。

① 工事が完成して熊本不動産に引き渡し，その代金 ¥1,620,000を同店振出の小切手にて受け取り，当座預金に預け入れた。なお，当座借越勘定の残高は ¥320,000である。

② 福岡工務店は，工事未払金の支払いのため ¥150,000の小切手を振り出した。なお，当座預金残高は ¥50,000であったが，当座借越契約(借越限度額 ¥300,000)を結んでいる。

解答欄

①				
②				

解答

①	(借) 当 座 借 越	320,000	(貸) 完 成 工 事 高	1,620,000
	当 座 預 金	1,300,000		
②	(借) 工 事 未 払 金	150,000	(貸) 当 座 預 金	50,000
			当 座 借 越	100,000

小口現金制度

はじめに ■ あなたは工事代金として受け取った現金をすべて当座預金口座に預け入れ，代金の決済もすべてそこから行うようにしていました。でも「お茶や文房具を買うのに小切手を使うの？」と従業員の声が…。やはりある程度の現金は必要と考えたあなたは，従業員のＡさんを支払担当者にして現金 ¥50,000を預け，そこから少額の経費を支払うことにしました。

●●●

小口現金とは

交通費・電話代・事務用消耗品費などの少額の経費を支払うために現金を用意し，これで支払いを行うと便利です。このために用意された現金を小口現金といいます。

小口現金は現金勘定とは別に**小口現金勘定(資産の勘定)**を設けて処理します。

小口現金の処理

01)通常，1週間または1カ月間です。

小口現金制度には，**小口現金の額を特定しない随時補給制度**と，**一定期間[01] における小口現金の額を特定する定額資金前渡制度(インプレスト・システム)** の２つがあります。一般には定額資金前渡制度がとられており(試験でもこちらがよく出題されます)，その処理の要点は次のとおりです。

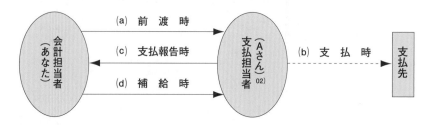

02)通常，用渡係，小払係といわれる人が支払を担当します。

小口現金の前渡し ● 例えば，定額資金前渡制度 (インプレスト・システム)による小口現金制度を開始するにあたり，支払係のＡさんに小切手 ¥10,000を振り出し，手渡した場合，次のように仕訳します。

(借) 小 口 現 金	10,000	(貸) 当 座 預 金	10,000

報告を受けた時 ● 例えば，Ａさんから，通信費 ¥3,000，交通費 ¥4,000の小口経費の支払報告を受けたときは，次のように仕訳します。

(借) 通 信 費	3,000	(貸) 小 口 現 金	7,000
交 通 費	4,000		

小口現金の補給 ● 例えば，Aさんに小切手 ¥7,000を振り出し，小口現金を補給したときは次のように仕訳します[03]。

（借）小 口 現 金	7,000	（貸）当 座 預 金	7,000

03）支払担当者から，報告を受けると同時に小口現金の補給をする場合には，小口現金勘定を使用せず，当座預金勘定から直接に通信費などを支払って仕訳を行います。
（借）通信費　3,000
　　　交通費　4,000
　　　　　（貸）当座預金　7,000

小口現金出納帳

04）補助簿といわれるものの1つです。補助簿は企業の任意で設けられます。

小口現金をいつ，どのような経費に，いくら使ったかについて記録するための帳簿[04]を小口現金出納帳（すいとうちょう）といい，支払担当者が記録を行います。

小口現金出納帳の記入方法 ● 支払報告を週末または月末に行い，資金の補給を翌週または翌月になって行う場合には，小口現金出納帳には次の❶〜❼のとおりに記入を行います。

(1)翌週補給

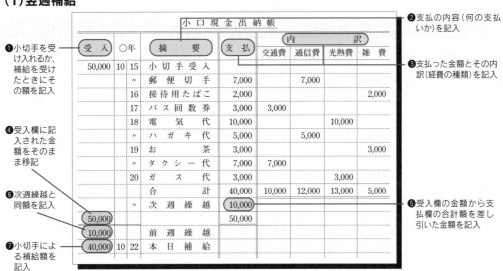

小 口 現 金 出 納 帳

受　入	○年		摘　要	支　払	内　訳 交通費	通信費	光熱費	雑　費
50,000	10	15	小 切 手 受 入					
		〃	郵 便 切 手	7,000		7,000		
		16	接 待 用 た ば こ	2,000				2,000
		17	バ ス 回 数 券	3,000	3,000			
		18	電 気 代	10,000			10,000	
		〃	ハ ガ キ 代	5,000		5,000		
		19	お 茶	3,000				3,000
		〃	タ ク シ ー 代	7,000	7,000			
		20	ガ ス 代	3,000			3,000	
			合 計	40,000	10,000	12,000	13,000	5,000
		〃	次 週 繰 越	10,000				
50,000				50,000				
10,000			前 週 繰 越					
40,000	10	22	本 日 補 給					

❶小切手を受け入れるか，補給を受けたときにその額を記入
❷支払の内容（何の支払いか）を記入
❸支払った金額とその内訳（経費の種類）を記入
❹受入欄に記入された金額をそのまま移記
❺受入欄の金額から支払欄の合計額を差し引いた金額を記入
❻次週繰越と同額を記入
❼小切手による補給額を記入

(2)即日補給

小 口 現 金 出 納 帳

受　入	○年		摘　　　要	支　払	内　　　　　訳			
					交通費	通信費	光熱費	雑　費
50,000	10	15	小 切 手 受 入					
		〃	郵 便 切 手	7,000		7,000		
		16	接待用たばこ	2,000				2,000
		17	バ ス 回 数 券	3,000	3,000			
		18	電 　気 　代	10,000			10,000	
		〃	ハ ガ キ 代	5,000		5,000		
		19	お 　　　茶	3,000				3,000
		〃	タ ク シ ー 代	7,000	7,000			
		20	ガ 　ス 　代	3,000			3,000	
			合 　　　計	40,000	10,000	12,000	13,000	5,000
40,000		〃	本 日 補 給					
		〃	次 週 繰 越	50,000				
90,000				90,000				
50,000			前 週 繰 越					

❶小切手による補給額を記入

❸受入欄に記入された金額の合計を記入

❹次週繰越と同額を記入

❷受入欄の合計金額から支払欄の合計額を差し引いた金額を記入

try it　**例題**　**小口現金**

Q

次の取引について仕訳を示しなさい。

5.1　当社では定額資金前渡制度（インプレスト・システム）を採用し，小口現金￥30,000を小切手を振り出して小口現金係に前渡しした。

5.8　小口現金係から次のような報告を受けたので，ただちに小切手を振り出して補給した。
　　　交通費　￥9,000　　　　通信費　￥20,000

解答欄

5.1				
5.8				

解　答

5.1	（借）小 　口 　現 　金	30,000	（貸）当 　座 　預 　金	30,000
5.8	（借）交 　　通 　　費	9,000	（貸）当 　座 　預 　金	29,000
	通 　　信 　　費	20,000		

企業の外部活動の処理

Chapter 3

債権・債務

　人にお金を貸したときには「お金を返してもらう」という権利が発生します。反対に，人からお金を借りたときには「お金を返す」という義務が発生します。このように，一定の金銭を請求する権利を債権といい，また，一定の金銭を支払うべき義務を債務といいます。

　建設業を営む上では，工事の発注者，工事に必要な材料の仕入先など，さまざまな人たちと取引が行われ，その取引の中でさまざまな債権・債務の関係が生じます。

　ここでは，建設業において多く発生する債権・債務の関係の処理をマスターしてください。

完成工事未収入金と未成工事受入金

はじめに■ 当座預金の処理を任されたあなたは，ある日，工事契約締結の際に頭金（あたまきん）として入金された ¥1,000,000を工事収益に関するものだからと考えて，これを完成工事高として処理しました。ところが後日，経理主任から「その入金は完成工事高ではなく，未成工事受入金として処理しておいてくれ」と言われました。この違いがよくわからなかったあなたは工事代金の回収に関する手続きを調べてみることにしました。

●●●

完成工事未収入金と未成工事受入金

01) 完成した工事に対する未収入金，つまり，商品売買業の売掛金に相当します。

02) 未完成の工事に対する受入金，つまり，商品売買業の前受金に相当します。

　建設業は受注（じゅちゅう）産業であり，各工事ごとに請負（うけおい）契約が締結されます。その契約価額は一般業種と比較すると高額な場合が多く，また，工事によっては，その期間が１年を超える場合もあります。このような理由から，工事代金を前受けする慣習がおこりました。

　建設業簿記では，この工事代金の回収に関する債権債務を**完成工事未収入金勘定**（かんせいこうじみしゅうにゅうきん）[01]**（資産の勘定）**と**未成工事受入金勘定**（みせいこうじうけいれきん）[02]**（負債の勘定）**の２つの勘定を用いて処理します。

未成工事受入金とは

03) 完成した工事の額，つまり商品売買業における売上に相当します。

　工事が完成・引渡しするまでの間，顧客から受け入れた工事代金は未成工事受入金勘定で処理します。これはこの時点で工事代金の一部を受け取ったとしても，完成工事高[03]**（収益の勘定）**を計上することはできず，また，工事にトラブルがあり，工事を完成することができなくなったときにはその代金を返済する義務があるからです。**未成工事受入金勘定は工事完成・引渡し前の工事代金の前受額の増減を処理する勘定です。**

未成工事受入金の処理

　上記の工事契約締結の際に受け取った頭金は未成工事受入金勘定の増加として処理します。

（借）当 座 預 金	1,000,000	（貸）未成工事受入金	1,000,000

完成工事未収入金とは

　工事が完成し，引渡しが終了した時点で工事代金の未収分があるときは，これを完成工事未収入金勘定で処理します。**完成工事未収入金勘定は工事代金の未回収額の増減を処理する勘定**です。

完成工事未収入金の処理

04)商品売買業では次の仕訳になります。
(借) 前受金　1,000,000
　　　売掛金　4,000,000
　　　　(貸)売　上　5,000,000

　例えば，前記の工事(工事請負契約価額は ¥5,000,000，その後の入金はなかったものとします)が完成し，顧客に引渡しを行ったとします。まず，完成工事高 ¥5,000,000 を計上するとともに，未成工事受入金 ¥1,000,000 を工事代金の一部としてこれに充当します。そして，差額分の ¥4,000,000 を完成工事未収入金勘定の増加として処理します[04]。

(借)	未成工事受入金	1,000,000	(貸)	完 成 工 事 高	5,000,000
	完成工事未収入金	4,000,000			

まとめ

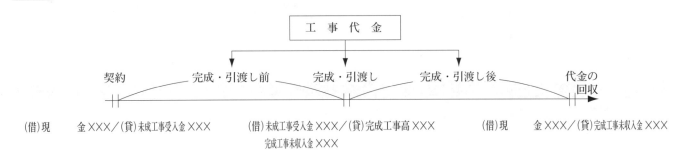

1-41

得意先元帳

　得意先に対する債権・債務は，完成工事未収入金勘定および未成工事受入金勘定でそれぞれ処理されます。しかし，この2つの勘定だけでは得意先ごとの債権・債務の金額を把握することができません。そこで，これらの勘定の補助簿として，得意先元帳が設定されます。得意先元帳では，得意先ごとに勘定口座を設定し，債権・債務の金額を記録します[05]。なお完成工事未収入金勘定および未成工事受入金勘定と得意先元帳の関係は次のとおりです。

05) 得意先元帳では得意先名をつけた勘定口座が設定されます。このような勘定を人名勘定といいます。

〈取　引〉

(1)	A商事：(借) 現　　　　金	100,000	(貸) 未成工事受入金	100,000
(2)	B商事：(借) 現　　　　金	80,000	(貸) 未成工事受入金	80,000
(3)	A商事：(借) 未成工事受入金	100,000	(貸) 完 成 工 事 高	150,000
	完成工事未収入金	50,000		

06) 人名勘定の借方残高は完成工事未収入金を，貸方残高は未成工事受入金を意味します。

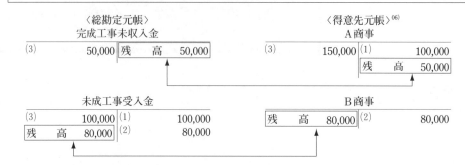

 try it 　**例題**　完成工事未収入金と未成工事受入金

Q 次の取引について仕訳を示しなさい。

① 工事が完了したので引き渡し，その代金 ¥1,000,000 を請求した。
② 工事代金の未収分 ¥1,300,000 が当座預金口座に振り込まれた。
③ 工事が完成したので引き渡し，請負金額 ¥1,800,000 から前受額 ¥200,000 を差し引き，残額を請求した。

解答欄

①				
②				
③				

解　答

①	(借) 完成工事未収入金	*1,000,000*	(貸) 完 成 工 事 高	*1,000,000*
②	(借) 当 座 預 金	*1,300,000*	(貸) 完成工事未収入金	*1,300,000*
③	(借) 未成工事受入金	*200,000*	(貸) 完 成 工 事 高	*1,800,000*
	完成工事未収入金	*1,600,000*		

前渡金と工事未払金

はじめに ■ 当座預金の処理を任されたあなたは，ある日，特殊工事に必要なセメントを購入する
ため ¥500,000の小切手を振り出しました。そして，これを借方・材料，貸方・当座
預金と処理していたところ，後日，経理主任から「まだ，セメントが届いていないか
ら，前渡金だよ」と言われました。この違いがよくわからなかったあなたは，仕入先
との間に生じる債権・債務の処理について，調べてみることにしました。

● ●

前渡金と工事未払金

建設業では工事に必要な材料を他の会社から購入したり，また，必要に応じて工事
の一部分を下請けにまわしたりします。このように工事を完成させるためには，さま
ざまな取引が発生します。建設業簿記ではそのような取引先との間に発生した債権債
務を前渡金勘定（資産の勘定）と工事未払金勘定[01]（負債の勘定）を用いて処理します。

01）商品売買業の買掛金に相当します。

前渡金とは

材料の購入，外注工事の発注など工事に関する費用で，その代金の前払いをしたと
きは，これを前渡金勘定で処理します[02]。前渡金勘定は材料の購入，または外注工事
の発注に対する前払額の増減を処理する勘定です。

02）なお，外注工事の発注にかかわる前渡金は未成工事支出金勘定で処理する場合もあります。

前渡金の処理 ● 上記のセメントの購入にかかわる頭金の支払額は次のように処理します。

（借）前　渡　金[02]	500,000	（貸）当 座 預 金	500,000

工事未払金とは

その後，材料などの引渡しを受けたときは，前渡額をその代金の一部に充当します。
そして，それらの購入代金などについて未払額が生じたときは，その金額を工事未払
金勘定で処理します。工事未払金勘定は購入した材料，依頼した外注工事に対する代
金の未払額の増減を処理する勘定です。

工事未払金の処理 ● 上記のセメント（取得原価[03] ¥1,300,000）を受け取ったときは，前渡金（¥500,000）を
材料勘定に振り替えるとともに，未払額を工事未払金勘定の増加として処理します。

03）購入代価の他，購入手数料等を含めた価額を取得原価といいます。

（借）材　　　　料	1,300,000	（貸）前　渡　金	500,000
		工 事 未 払 金	800,000

まとめ

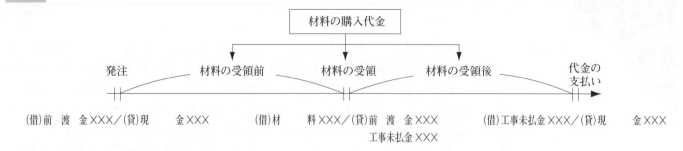

材料の購入代金

発注 ── 材料の受領前 ── 材料の受領 ── 材料の受領後 ── 代金の支払い

(借)前 渡 金×××/(貸)現　　　金×××　　　(借)材　　料×××/(貸)前 渡 金×××　　　(借)工事未払金×××/(貸)現　　　金×××
　　　　　　　　　　　　　　　　　　　　　　　　　　　　　　　工事未払金×××

仕入先元帳

04) 仕入先元帳における人名勘定では，その借方残高は前渡金を意味し，その貸方残高は工事未払金を意味します。

　材料などの仕入先に対する債権・債務は前渡金勘定および工事未払金勘定でそれぞれ処理されます。しかし，この2つの勘定だけでは仕入先ごとの債権・債務の金額を把握することができません。そこで，この2つの勘定の補助簿として，仕入先元帳が設定されます。仕入先元帳では，仕入先ごとに勘定口座を設定し，その債権・債務の金額を記録します（その記入要領は得意先元帳の場合とほぼ同じです）[04]。

try it 例題　前渡金と工事未払金

Q 次の各取引について仕訳を示しなさい。

① 富山建材店に，材料購入の前渡しとして現金 ¥150,000を支払った。
② 石川建材店から材料を購入した代金 ¥400,000は翌月末払いとした。
③ 新潟建材店から材料 ¥320,000を購入し，代金のうち ¥70,000は前渡金と相殺し，残額は翌月末日支払いの約束である。

解答欄

①				
②				
③				

解答

①	(借) 前　渡　金	150,000	(貸) 現　　　　　金	150,000
②	(借) 材　　　　料	400,000	(貸) 工 事 未 払 金	400,000
③	(借) 材　　　　料	320,000	(貸) 前　渡　金	70,000
			工 事 未 払 金	250,000

未収入金と未払金

はじめに ■ 倉庫用の土地 ¥500,000を同業のM社に ¥800,000で売却し，代金は月末に受け取ることになりました。このときあなたは "どうせ月末に回収できる代金だから" と考えて，これを完成工事未収入金として処理しました。ところが，後日，経理主任から，「こんな場合には完成工事未収入金勘定は使えないよ」と注意されました。
では，どのように処理すればよいのでしょうか。

•••••••••••••••••••••••••••••••••

未収入金とは

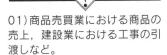

01) 商品売買業における商品の売上，建設業における工事の引渡しなど。

　上記のような場合には完成工事未収入金ではなく**未収入金勘定（資産の勘定）**を用いて処理します。**未収入金とは，物品等の売却，利息の受取りなどに関する代金を後日受け取ることにした場合に生じる債権**です。ただし，物品などの売却代金であっても，それが主たる営業収益に関する場合[01] には，未収入金勘定は使用できません。

未収入金の処理 ● 同業のM社に倉庫用の土地 ¥500,000を ¥800,000で売却し，代金を月末に受け取ることにしたときには，未収入金の増加として処理します。

　また，代金 ¥800,000を現金で受け取ったときは，未収入金の減少として処理します。

02) 土地売却益は収益の勘定です。(Chapter 5, Section 2)

購入時	（借）未 収 入 金	800,000	（貸）土 地	500,000
			土 地 売 却 益 [02]	300,000
決済時	（借）現 金	800,000	（貸）未 収 入 金	800,000

未払金とは

03) 商品売買業における商品の仕入，建設業における材料の購入など。

　土地を買ったM社の側では，**未払金勘定（負債の勘定）**を用いて処理します。
　未払金とは，物品等の購入，利息の支払いなど，代金を後日支払う約束をした場合に生じる債務のことです。ただし，未収金と同様にそれが主たる営業費用[03] に関する場合には未払金勘定は使用できません。

未払金の処理 ● 前述の取引をM社の立場からみると，M社では，土地購入代金の未払額を未払金の増加として処理します。

　また，その代金を支払ったときには，未払金の減少として処理します。

購入時	（借）土 地	800,000	（貸）未 払 金	800,000
決済時	（借）未 払 金	800,000	（貸）現 金	800,000

try it 例題 　未収入金と未払金

Q 次の取引について(1)河口建設と(2)山中建設の仕訳を示しなさい。

7.5 　河口建設は営業用の備品(帳簿上の金額は ¥80,000)を ¥50,000で同業者山中建設に売却し, 代金は月末に受け取ることにした。

7.31 　河口建設は, 先に山中建設に売却した備品代金 ¥50,000を現金で受け取った。

解答欄

(1)	7.5				
	7.31				
(2)	7.5				
	7.31				

解 答

(1)	7.5	(借) 未 収 入 金	50,000	(貸) 備　　　　　品	80,000
		固定資産売却損	30,000		
	7.31	(借) 現　　　　　金	50,000	(貸) 未 収 入 金	50,000
(2)	7.5	(借) 備　　　　　品	50,000	(貸) 未 払 金	50,000
	7.31	(借) 未 払 金	50,000	(貸) 現　　　　　金	50,000

貸付金と借入金

はじめに ■ あなたの会社ではTK工務店から ￥1,000,000の融資を受けることになり，あなたは，経理主任より当座入金のチェックを指示されました。さっそく，入金の有無を取引銀行に問い合わせたところ，入金額は ￥975,000であり， ￥25,000の不足が確認されました。この不足額は一体何なのでしょうか。不思議に思ったあなたはこれを経理主任に尋ねてみることにしました。

●●

貸付金・借入金

01) 上記の不足額も利息です。

　簿記では金銭の貸し借りにともなう債権・債務をそれぞれ**貸付金・借入金**といい，これらは**貸付金勘定（資産の勘定）**および，**借入金勘定（負債の勘定）**で処理します。ところが，金銭の貸し借りには必ず利息がつきます。そこで，ここでは金銭の貸し借りの取引について利息の受取り，支払いを含め，その処理をみていきましょう[01]。

貸付金の処理

利息前受けの場合 ● 例えば，現金 ￥100,000の貸付けに際し，利息 ￥800を貸付金額から差し引いた場合は次のように仕訳します。

02) 受取利益は収益の勘定です。

貸付時	（借）貸　　付　　金	100,000	（貸）現　　　　　金	99,200
			受　取　利　息[02]	800
返済時	（借）現　　　　　金	100,000	（貸）貸　　付　　金	100,000

利息後受けの場合 ● 例えば，現金 ￥100,000を貸し付け，利息 ￥800は返済の時に元金と一括して受け取る，とした場合は次のように仕訳します。

貸付時	（借）貸　　付　　金	100,000	（貸）現　　　　　金	100,000
返済時	（借）現　　　　　金	100,800	（貸）貸　　付　　金	100,000
			受　取　利　息[02]	800

借入金の処理

利息前払いの場合 ● 例えば，現金 ¥80,000の借入れに際し，利息 ¥500を差し引かれた場合は次のように仕訳します。

---

03)支払利息は費用の勘定です。

借入時	（借）現　　　　　金	79,500	（貸）借　　入　　金	80,000
	支 払 利 息 (03)	500		
返済時	（借）借　入　金	80,000	（貸）現　　　　　金	80,000

利息後払いの場合 ● 例えば，現金 ¥80,000を借り入れ，利息 ¥500は返済の時に元金と一括して支払うとした場合，次のように仕訳します。

借入時	（借）現　　　　　金	80,000	（貸）借　　入　　金	80,000
返済時	（借）借　入　金	80,000	（貸）現　　　　　金	80,500
	支 払 利 息 (03)	500		

try it

例題 貸付金と借入金

次の取引について浦和商店（①，②）および宇都宮商店（③，④）の行うべき仕訳を示しなさい。

① 浦和商店は前橋商店に現金 ¥5,000を貸し付けた。
② 浦和商店は上記貸付金を利息 ¥500とともに現金で返済を受けた。
③ 宇都宮商店は水戸商店から ¥9,500を借り入れ，利息 ¥200を差し引かれた手取金を現金で受け取った。
④ 宇都宮商店は上記借入金を小切手を振り出して支払った。

解答欄

①				
②				
③				
④				

解 答

①	（借）貸 付 金	5,000	（貸）現　　　　　金	5,000
②	（借）現　　　　　金	5,500	（貸）貸 付 金	5,000
			受 取 利 息	500
③	（借）現　　　　　金	9,300	（貸）借　入　金	9,500
	支 払 利 息	200		
④	（借）借　入　金	9,500	（貸）当 座 預 金	9,500

立替金と預り金

はじめに ■ 月末に従業員Ａ氏に支払う給料の総額は ¥350,000です。しかし，Ａさんが実際に手にすることができるのは所得税などを引かれて ¥315,000でした。会社にとって，給料は費用であることはまちがいありません。このような場合に会社が給料という費用で仕訳すべき金額は¥350,000なのでしょうか，それとも¥315,000なのでしょうか。また，差額はどのように処理するのでしょうか。

● ●

預り金とは

このような場合には，給料の金額は支給総額の ¥350,000となり，実際の支給額 ¥315,000との差額を**預り金勘定（負債の勘定）**で処理します。

預り金とは従業員から金銭を預かった場合などに，生じる債務であり，この預かり額を処理するための勘定が預り金勘定です。所得税や社会保険料なども預り金勘定で処理します。

預り金の処理 ● 会社が従業員Ａ氏に給料の総額 ¥350,000から源泉所得税や社会保険料 ¥35,000を差し引き ¥315,000を小切手で支払ったとします。このとき，預かった ¥35,000は預り金勘定の増加として処理します[01]。これは，会社がＡ氏に代わって所得税などを税務署などに支払わなければならない義務が生じるからです。

また，所得税などを現金で支払ったときは，預り金勘定の減少として処理します。

01）「源泉所得税預り金」や「社会保険料預り金」勘定を使う場合もあります。

預かり時	（借）給　　　　料	350,000	（貸）預　　り　　金[01]	35,000
			当　座　預　金	315,000
支払い時	（借）預　　り　　金	35,000	（貸）現　　　　金	35,000

立替金とは

　預り金とは別に，本来，従業員または得意先などが支払うべき金銭を立て替えて支払ったときは**立替金勘定（資産の勘定）**で処理します。

　立替金とは，文字通りに立替払いについて生じた債権のことです。

立替金の処理 ●

02)「従業員立替金」勘定を使う場合もあります。

　例えば，従業員B氏に給料の前払いとして ¥50,000を現金で支払ったとします。このときは，立替金勘定の増加として処理します[02]。これは，従業員B氏から ¥50,000を受け取る権利が生じたためです。

　また，従業員B氏から ¥50,000を現金で受け取ったとき，または，¥50,000を給料から差し引いて支払ったときは，立替金勘定の減少として処理します。

| 立替時 | （借）立　替　金[02] | 50,000 | （貸）現　　　金 | 50,000 |
| 回収時 | （借）現　　　金 | 50,000 | （貸）立　替　金 | 50,000 |

try it 例題　立替金と預り金

Q 次の一連の取引の仕訳を示しなさい。

① 従業員に対して，給料の前払いとして ¥90,000を現金で支払った。
② 給料日となったので上記①の従業員に対して，給料 ¥420,000から上記の前払分と源泉所得税 ¥35,000を差し引き，残額を現金で支払った。
③ ②の源泉所得税を現金で納付した。

解答欄

①				
②				
③				

解答

①	（借）立　替　金	90,000	（貸）現　　　金	90,000
②	（借）給　　　料	420,000	（貸）立　替　金	90,000
			預　り　金	35,000
			現　　　金	295,000
③	（借）預　り　金	35,000	（貸）現　　　金	35,000

6

仮払金と仮受金

はじめに ■ ある日，従業員Ａさんに出張旅費の概算額 ¥100,000を現金で渡しました。
「現金を支払ったのだから帳簿に書かなきゃ…」そう思って帳簿に向かったあなたは
困ってしまいました。というのも借方が旅費交通費で，貸方が現金なのはわかりますが，なにぶん出張前では，旅費交通費の正確な金額がわからないのです。このような場合には，どのように処理したらよいのでしょうか。

仮払金とは

01) 仮払金は貸借対照表には記載
できません。あくまで，一時的に
用いる勘定だからです。

　上記の例のように現金を支払い、処理する勘定科目がわかっていても，金額が正確に決まっていない場合があります。このようなときに，一時的に用いられるのが仮払金勘定（資産の勘定）です[01]。

仮払金の処理 ● 従業員のＡさんに出張旅費の概算額 ¥100,000を現金で渡したときに，仮払金勘定の借方に一時的に記録しておきます。これは，Ａさんがその ¥100,000をどのように使うか，また，いくら使うのかがわからないためです。

　また，Ａさんが出張から帰り，「旅費として ¥85,000を支払った」との報告を受け，残金 ¥15,000を現金で戻したとすれば，このときに，仮払金勘定から旅費交通費勘定へ振り替えます。これは，報告を受けて初めて，旅費交通費という費用の金額が確定するためです。

現金支払時	（借）仮　　払　　金	100,000	（貸）現　　　　　金	100,000
報告を受けた時	（借）旅 費 交 通 費	85,000	（貸）仮　　払　　金	100,000
	現　　　　　金	15,000		

仮受金とは

02) 仮受金も貸借対照表には記載できません。

　逆に現金を受け取り，**金額がわかっていても処理する勘定科目がわからない場合**があります。このようなときに，一時的に用いられる勘定科目が**仮受金勘定（負債の勘定）**です[02]。

仮受金の処理 ● 出張中のＡさんから¥150,000の内容不明の振込みを受けたとします。このときは，一時的に仮受金勘定の貸方に記録しておきます。これは，¥150,000の振込みがどのような内容なのかわからないためです。

　また，Ａさんが出張から帰り，「振込みは得意先からの工事代金の回収であった」との報告を受けたとします。このとき，仮受金勘定から完成工事未収入金勘定へ振り替えます。これは，報告を受けて初めて，入金の内容が判明するためです。

振込を受けた時	（借）当　座　預　金	150,000	（貸）仮　　受　　金	150,000
報告を受けた時	（借）仮　　受　　金	150,000	（貸）完成工事未収入金	150,000

try it 　**例題**　仮払金と仮受金

Q 次の取引について仕訳を示しなさい。

① 従業員の出張にあたり旅費概算額¥50,000を現金で渡した。
② 出張中の従業員から¥200,000の当座振込があったが，内容は不明である。
③ 出張から従業員が帰り，旅費を精算して現金¥8,000の返金があった。なお，当座振込は，受注工事の内金であることがわかった。

解答欄

①		
②		
③		

解答

①	（借）仮　払　金	*50,000*	（貸）現　　　　　金	*50,000*
②	（借）当　座　預　金	*200,000*	（貸）仮　　受　　金	*200,000*
③	（借）旅　費　交　通　費	*42,000*	（貸）仮　　払　　金	*50,000*
	現　　　　　金	*8,000*		
	（借）仮　　受　　金	*200,000*	（貸）未成工事受入金	*200,000*

企業の外部活動の処理

Chapter 4

手形取引

　建設業に限らず，商売をしていると資金繰りの都合から支払いを先に延ばしたい，と思うことがあるものです。このような場合に用いられるものが手形です。

　手形には約束手形と為替手形の2つがあります。それは，先に学習した小切手と同じような証書です。では，小切手と手形ではどのような違いがあるのでしょうか。こういった点に注意しながら手形の基本となる処理をマスターしてください。

　また，手形は，流通証券であると言われています。手形が流通するとは，どういうことなのでしょうか。この点に注意しながら，手形の裏書譲渡および割引という処理をマスターしてください。

約束手形

はじめに ■ あなたは今月末に，A建材㈱に対する工事未払金 ¥500,000の支払いをしなければなりません。しかし，今月は当座の資金に余裕がなく，2カ月後であれば代金を支払うことが出来そうです。そこで，代金の支払いを2カ月後に延ばすためにあなたはA建材㈱に約束手形を振り出すことにしました。

約束手形とは

01) 振出人…約束手形の発行人。手形代金の支払い義務を負う。

02) 名宛人…約束手形の受取人。手形代金を受け取る権利をもつ。

　あなたが[01]，A建材㈱[02] に対して「2カ月後に代金を支払います」と約束して発行する証券を約束手形といいます。

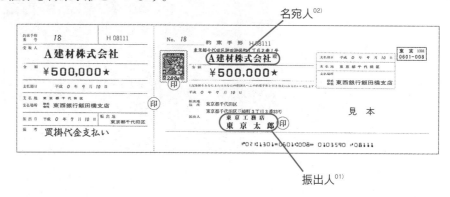

名宛人[02]

振出人[01]

約束手形の処理

振出人（＝支払人）の処理 ●

03) この期日を手形の満期日といい，通常，この日に決済（金銭の授受）が行われます。

04) 手形の決済は通常取引銀行の当座預金口座を通じて行われます。

あなたが，A建材㈱宛に**約束手形を振り出したとき**には，**支払手形勘定（負債の勘定）の増加**として処理します。これは2カ月後[03]に手形代金 ¥500,000を支払うという新たな債務が生じているためです。

　また，2カ月後に手形代金を支払ったとき[04] には，**支払手形勘定を減少**させます。これは手形代金の支払いが済み，もう支払う義務がなくなったことを意味するためです。

振出時	(借)工 事 未 払 金	500,000	(貸)支 払 手 形	500,000
決済時	(借)支 払 手 形	500,000	(貸)当 座 預 金[04]	500,000

名宛人（＝受取人）の処理 ● A建材㈱が，あなたから**約束手形を受け取ったとき**には，**受取手形勘定（資産の勘定）の増加**として処理します。これは2カ月後に手形代金 ¥500,000を受け取ることができる権利が生ずるからです。

　また，2カ月後に手形金を受け取ったときには，**受取手形勘定を減少**させます。これは手形代金の受取りが済み，これ以降はもう受け取る権利がなくなったことを意味するためです。

05) A建材㈱は建設資材の販売会社(商品売買業)と考えてください。

受取時	(借)受 取 手 形	500,000	(貸)売 掛 金[05]	500,000
決済時	(借)当 座 預 金	500,000	(貸)受 取 手 形	500,000

try it 例題 約束手形

次の取引について(1)浜松工務店と(2)静岡建設の仕訳を示しなさい。

6.15 浜松工務店は静岡建設より外注工事を請け負い,完成した。その代金 ¥1,600,000 のうち ¥650,000は静岡建設振出の約束手形で受け取り,残額は翌々月末日に受取りの約束である。

7.31 浜松工務店は,先の静岡建設振出しの約束手形が決済され,当座預金に入金された旨,取引銀行より連絡を受けた。

解答欄

(1)	6.15			
	7.31			
(2)	6.15			
	7.31			

解答

06)「未成工事支出金」で仕訳することもあります。

(1)	6.15	(借)受 取 手 形 　　　完成工事未収入金	*650,000* *950,000*	(貸)完 成 工 事 高	*1,600,000*
	7.31	(借)当 座 預 金	*650,000*	(貸)受 取 手 形	*650,000*
(2)	6.15	(借)外 注 費[06]	*1,600,000*	(貸)支 払 手 形 　　　工 事 未 払 金	*650,000* *950,000*
	7.31	(借)支 払 手 形	*650,000*	(貸)当 座 預 金	*650,000*

為替手形

はじめに ■ あなたはC材木店に工事未払金 ¥500,000を支払わなければなりません。しかし現金や小切手で支払う余裕がありません。しかし，B商会に対しては ¥500,000の完成工事未収入金がありました。ふとあなたは「C材木店には工事未払金，B商会には完成工事未収入金か。うまくはいかないなあ…。虫がいい話だけど，B商会が，代わりにC材木店に支払ってくれないかな」と考えました。こんなときに名案はないものでしょうか。

● ●

為替手形とは

　このような場合には，為替手形を振り出すとよいでしょう。為替手形とは，あなたがB商会に「満期日になったら自分の代わりに，C材木店に手形代金を支払ってください。」と依頼するための証券です。つまり，為替手形を振り出せば，あなたは自分の代わりにC材木店に手形代金 ¥500,000を支払ってもらうことができるのです。

　なお，同時にB商会に対する完成工事未収入金 ¥500,000はなくなります。

01) 約束手形の場合とは異なり，為替手形の名宛人は，手形代金の支払人となることに注意して下さい。

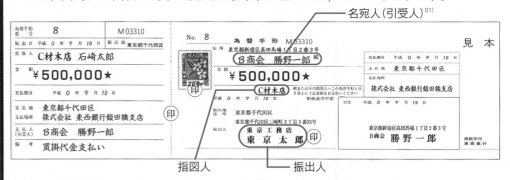

　まず，あなたの会社と，B商会，C材木店との間の債権・債務関係を整理すると次のとおりです。これを前提にして，為替手形の処理をみていきます。

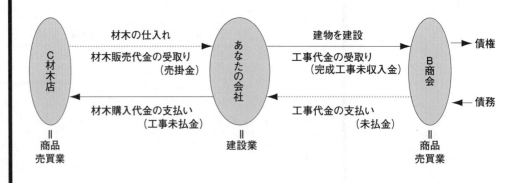

為替手形の処理

振出人⁰²⁾ の処理 ●

(1) 振出時

工事未払金 ¥500,000を支払うために為替手形を振り出したときには，**C材木店に対する工事未払金勘定（債務）を減らすとともに，B商会に対する完成工事未収入金（債権）を減らします。**これは同額の完成工事未収入金の消滅を条件に，C材木店への支払いを引き受けてもらっているからです。

02) 振出人…為替手形の発行人をいいます。為替手形の振出人は仕訳上，受取手形勘定も支払手形勘定も出てこない点に注意して下さい。

03) つまり，あなたの会社にとって為替手形の振出しはB商会に対する完成工事未収入金で，C材木店に対する工事未払金を支払ったという意味をもちます。

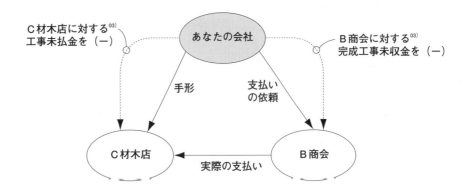

(2) 決済時

手形の期日になり，B商会からC材木店へ無事に手形代金が支払われました。このときには，**何の処理も必要ありません。**つまり，あなたは上記の手形に関して，手形代金を受け取ることも，また支払うこともないからです。

振出時	（借）工 事 未 払 金	500,000	（貸）完成工事未収入金	500,000
決済時		仕訳は行いません。		

名宛人（引受人）⁰⁴⁾ の処理 ●

(1) 引受時

あなたから為替手形を引き受け，C材木店へ手形代金を支払うことになったB商会の処理を考えます。

為替手形を引き受けたときには，**B商会はあなたに対する未払金勘定（債務）を減らすとともに，支払手形勘定（負債の勘定）の増加として処理します。**これはB商会はC材木店に対して，手形代金を支払う義務が生じるからです。

04) 名宛人（引受人）…為替手形の場合はこの名宛人（引受人）が手形代金の支払義務を負います。

05) つまり，B商会にとって為替手形の引受けは，あなたの会社に対する未払金を支払う代わりに，C材木店に対し，手形金を支払いましょう，ということになります。

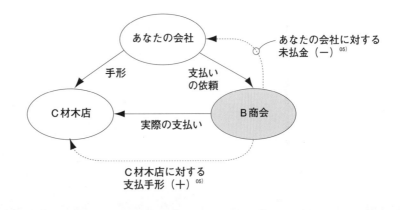

(2) 決済時

手形の期日になり，B商会は無事に手形代金を決済しました。このときには，**支払手形勘定を減らします。**

引受時	(借)未 払 金	500,000		(貸)支 払 手 形	500,000
決済時	(借)支 払 手 形	500,000		(貸)当 座 預 金	500,000

指図人⁰⁶⁾の処理 ●

(1) 受取時

為替手形を受け取り，B商会から手形代金を受け取ることになったC材木店の処理を考えます。

為替手形を受け取ったときには，C材木店は**あなたに対する売掛金勘定（債権）を減らすとともに，受取手形勘定（資産の勘定）の増加として処理**します。これはB商会から手形代金を受け取ることができるからです。

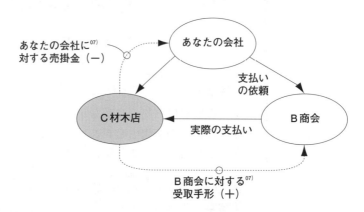

(2) 決済時

手形の期日になり，C材木店はB商会より無事に手形代金を受け取りました。このときには，**受取手形勘定を減らします。**

受取時	(借)受 取 手 形	500,000		(貸)売 掛 金	500,000
決済時	(借)当 座 預 金	500,000		(貸)受 取 手 形	500,000

06)指図人…手形代金の受取人。

07)つまり，C材木店にとって，為替手形の受取りは，あなたの会社に対する売掛金をB商会引受けの為替手形で回収したという意味をもちます。

手形記入帳

受取手形記入帳

● 受取手形に関する取引の明細(いつ, 誰から手形を受け取ったか, 入金期日はいつか, どのように決済されたか)について記録するための補助簿を**受取手形記入帳**といいます。受取手形に関する取引が多いときには, この帳簿を用いて情報を整理します。

08)この受取手形記入帳に記録されている取引は次のとおりです。
5/2
(借)受 取 手 形 20,000
　　　(貸)完成工事未収入金 20,000
5/31
(借)現 金 預 金 ××
　　支払割引料 ×
　　　(貸)受 取 手 形 20,000

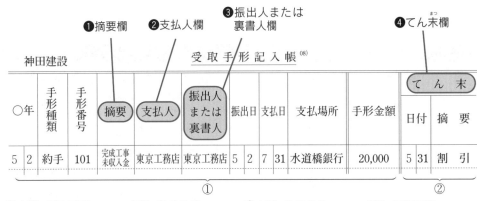

受取手形記入帳の記入方法

❶摘　要　欄…仕訳の貸方科目を記入します。なお, 借方科目は受取手形であることに注意して下さい。

❷支 払 人 欄…手形代金を最終的に支払う人を記入します。

❸振出人または裏書人欄…手形を振り出した人または裏書[09]した人を記入します。

❹て ん 末 欄…手形が期日に決済されたり, 割引[09]されたりといった, (受取)手形の減少となる取引をここに記入します。

09)裏書, 割引についてはSection 3で学習します。

支払手形記入帳

● 支払手形の取引の明細(誰にいつ振り出したか, どのように決済したか)について記録するための補助簿を**支払手形記入帳**といいます。支払手形に関する取引が多いときには, この帳簿を用いて情報を整理します。

10)この支払手形記入帳に記録されている取引は次のとおりです。
5/2
(借)工事未払金 20,000
　　　(貸)支 払 手 形 20,000
7/31
(借)支 払 手 形 20,000
　　　(貸)当 座 預 金 20,000

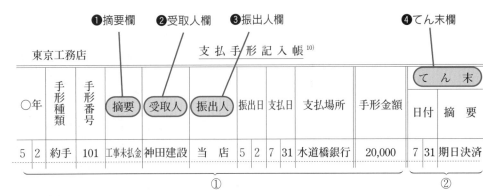

支払手形記入帳の記入方法 ● ❶摘　要　欄…仕訳の借方科目を記入します。なお，貸方科目は支払手形であること
　　　　　　　　　　　　　　　に注意して下さい。
　　　　　　　　　❷受 取 人 欄…手形金を最終的に受け取る人を記入します。
　　　　　　　　　❸振 出 人 欄…手形を振り出した人を記入します。
　　　　　　　　　❹て ん 末 欄…手形が期日に決済されるなど（支払）手形の減少となる取引をここに
　　　　　　　　　　　　　　　記入します。

try it

例題　為替手形

Q 次の連続した取引について，(1)大阪塗装，(2)関西建設，(3)堺塗料の仕訳を示しなさい。

① 大阪塗装は，関西建設から塗装工事の受注を請け負い，工事が完了したので，その代金 ¥80,000を翌月末に受け取る約束である。

② 大阪塗装は，堺塗料からペンキを購入し，得意先関西建設を名宛人とする為替手形を振り出し，関西建設の引受けを得て堺塗料に手渡した。

③ 手形の満期日となり，上記の為替手形が決済された。

解答欄

(1)	①				
	②				
	③				
(2)	①				
	②				
	③				
(3)	①				
	②				
	③				

解　答

(1)	①	(借) 完成工事未収入金	80,000	(貸) 完 成 工 事 高	80,000
	②	(借) 材　　　　　料	80,000	(貸) 完成工事未収入金	80,000
	③		仕　訳　な　し		
(2)	①	(借) 外　注　費	80,000	(貸) 工 事 未 払 金	80,000
	②	(借) 工 事 未 払 金	80,000	(貸) 支 払 手 形	80,000
	③	(借) 支 払 手 形	80,000	(貸) 当 座 預 金	80,000
(3)	①		仕　訳　な　し		
	②	(借) 受 取 手 形	80,000	(貸) 売　　　　上	80,000
	③	(借) 当 座 預 金	80,000	(貸) 受 取 手 形	80,000

約束手形・為替手形のまとめ

　約束手形，為替手形は手形の種類による分類で，簿記上は手形によってお金をもらえるのか(受取手形勘定で処理)，お金を支払うのか(支払手形勘定で処理)に着目して下さい。仕訳上，約束手形勘定や為替手形勘定は出てきません。

　約束手形，為替手形の違いをおさえるには，登場人物(会社)が2人か3人か，で判断するとよいでしょう。約束手形は2人，為替手形は3人です。1枚の手形でお金をもらえる人も支払う人も1人ずつですから，為替手形では誰か1人だけ受取手形勘定も支払手形勘定も使用しないことになります。

	約束手形	為替手形
振出人 (手形を作成する人)	○　　○ ××／支 払 手 形 ××	工事未払金　××／完成工事未収入金　××
名宛人	受 取 手 形 ××／○　　○ ××	○　　○ ××／支 払 手 形 ××
指図人	————	受 取 手 形 ××／○　　○ ××

　上の表を見ても明らかなように，為替手形で振出人は自分の債権，債務を帳消しにするために手形を作成するので，受取手形勘定も支払手形勘定も出てきません。試験問題では「○○社振出の」，「○○社宛の(○○社引受の)」，「○○社を指図人とする(あるいは手形を受け取った)」などの言葉がキーワードになっています。こうしたキーワードをうまく探し出し，仕訳を行うようにしてください。

手形の裏書譲渡・割引

はじめに ■ ある日のこと，あなたはB商店から購入した経理用コンピュータの代金 ¥200,000を支払うため約束手形を振り出そうとしました。ところが，1枚の手形（額面 ¥200,000）をもってきた経理主任が「この手形を裏書して支払うように」と指示しました。この手形の裏書とはどういうことなのでしょうか。また，どのように処理すればいいのでしょうか。

手形の裏書譲渡とは

01) 約束手形，為替手形とも裏書することができます。

所有している手形[01]の代金を受け取る権利を，満期日前に第三者に譲ることを手形の裏書譲渡といいます。所有している手形の裏面に署名または記名・押印することから裏書譲渡といわれています。

手形の裏書譲渡の処理 ● 所有している手形を裏書譲渡したときには，受取手形勘定を減らします。これは手形代金を受け取る権利をB商店に譲り渡したためです。
　その反対に，あなたから手形を譲り受けたB商店では，受取手形勘定の増加として処理します。

02) B商店はコンピュータ等を販売する商社と考えてください。したがって，完成工事未収入金ではなく売掛金で処理します。

譲渡人	（借）未　払　金	200,000	（貸）受　取　手　形	200,000
譲受人	（借）受　取　手　形	200,000	（貸）売　掛　金[02]	200,000

手形の割引とは

03) これを割引料といいます。手形売却損勘定（費用の勘定）で処理します。

所有している手形を銀行に持ち込み，満期日までの利息[03]に相当する額を支払って満期日前に買い取ってもらうことを手形の割引といいます。手形を買い取ってもらうことによって，満期日まで待たなくても手形を換金することができ，資金の融通をつけることができます。

取得日　　　　　割引日　　　　　　　　満期日

割引料

手形の割引の処理 ● 例えば，額面 ¥1,000,000の約束手形を取引銀行で割り引き，割引料 ¥12,000を差し引かれ，残金を当座預金とした場合には次のように仕訳します。

（借）当　座　預　金	988,000	（貸）受　取　手　形	1,000,000
手　形　売　却　損	12,000		

割引料の計算 ● 通常，年利率をもとにした，日割り計算で行います。

例えば，額面 ¥1,000,000の約束手形(満期日9月30日)を8月2日に割引率年7.3%で割り引いたときの割引料は次のように計算されます。

04)割引にかかる日数は割引日と満期日の両方を含めて数えます（両端入れ）。
30＋30＝60日

$$¥1,000,000 \times 7.3\% \times \frac{60日^{04)}}{365日} = ¥12,000$$

try it 例題 手形の裏書譲渡・手形の割引

次の取引について仕訳を示しなさい。

① 埼玉建設は，暖房具 ¥160,000を購入し，代金のうち ¥120,000は手持ちの約束手形を裏書譲渡し，残額は翌月末日の支払いとした。

② かねて栃木商店から受け取った約束手形 ¥410,000を取引銀行で割り引き，割引料 ¥8,000を差し引かれた残額を当座預金とした。

解答欄

①			
②			

解答

①	(借)備　　　品	160,000	(貸)受　取　手　形	120,000
			未　払　金	40,000
②	(借)手形売却損	8,000	(貸)受　取　手　形	410,000
	当　座　預　金	402,000		

手形貸付金と手形借入金

はじめに ■ 今月は，先日買い換えた建設用クレーンの支払いが控えています。そこにきて，工事代金の入金が遅れており，月末には営業資金が底をつきそうな気配です。そこであなたは，知り合いのＡ工務店のＡ氏に資金の融通を頼みました。その際Ａ氏に「わかりました。でも，借用証書の代わりに約束手形を振り出してください」と言われました。あなたはそのとき「よかった。これで資金のメドがついた」と思ったものの，借用証書の代わりに手形を振り出すとなると，どのように処理したらよいのでしょうか。

● ●

手形借入金とは

01) 手形取引はその目的に応じて勘定科目を使い分ける必要があります。

手形 ─┬─ 工事費用の支払いに関係するもの …支払手形
　　　└─ 金銭の借入れに関係するもの …手形借入金

約束手形を振り出して資金を借り入れることを手形借入といいます。**手形借入をしたときには，支払手形勘定ではなく手形借入金勘定（負債の勘定）の増加**として処理します[01]。

手形を金銭貸借の担保に用いると，返済期日に銀行間で自動的に決済されます。また，期日に返済しないと借り入れた側（振出人）は手形を不渡りにすることになるため，返済に強制力があるなどの理由から，借用証書で借り入れる場合に比べ多く用いられています。

手形借入金の処理 ● あなたが ¥100,000の現金を借り入れ，担保として手形を振り出した場合には，手形借入金勘定の増加として処理します。これは，返済期日までに手形代金 ¥100,000を返済しなければならないためです。

上記の ¥100,000と利息（年利率12％，期間5カ月）をあわせて現金で返済したときには，手形借入金勘定の減少として処理するとともに，利息の分を支払利息勘定（費用の勘定）で処理します。

02) 支払利息の計算
$¥100,000×12％×\dfrac{5カ月}{12カ月}$
$= ¥5,000$

融資時	（借）現　　　　　金	100,000	（貸）手 形 借 入 金	100,000
返済時	（借）手 形 借 入 金	100,000	（貸）現　　　　　金	105,000
	支 払 利 息[02]	5,000		

手形貸付金とは

03) 手形借入金の場合と同様に勘定科目を使い分ける必要があります。"受取手形"としないように！

貸し付けた側であるＡ工務店はこの貸付けにかかわる債権を**手形貸付金勘定（資産の勘定）**で処理します⁰³⁾。

手形貸付金とは手形を用いて資金の貸付けを行ったときに生じる債権のことです。

手形貸付金の処理 ● 前記の取引をＡ工務店の立場からみると，その仕訳は次のようになります。

融資時	（借）手 形 貸 付 金	100,000	（貸）現　　　　金	100,000
回収時	（借）現　　　　金	105,000	（貸）手 形 貸 付 金	100,000
			受 取 利 息	5,000

try it　例題　手形貸付金と手形借入金

Q 次の取引について(1)千葉建設と(2)幕張工務店の仕訳を示しなさい。

千葉建設は幕張工務店に￥400,000を貸し付け，その利息￥20,000を差し引き，残額を現金で支払った。借用証書の代わりとして幕張工務店振出しの約束手形を受け取った。

解答欄

(1)				
(2)				

解答

(1)	（借）手 形 貸 付 金	400,000	（貸）現　　　　金	380,000
			受 取 利 息	20,000
(2)	（借）現　　　　金	380,000	（貸）手 形 借 入 金	400,000
	支 払 利 息	20,000		

♥ ちょっと一息

～ 間違えノートの作り方 ～

「過去に犯した自らの過ちを書き綴り…。」
などという話ではなく、間違えた問題を集めた間違いノートを作りましょう！
これがうまくできれば、合格はもう確実と言っていいでしょう。
さて、その作り方です。

6 ： 4

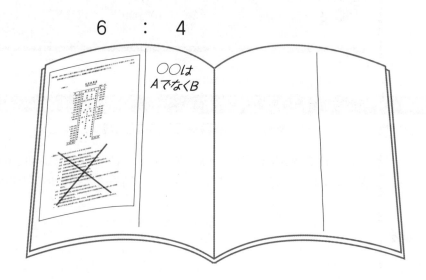

① 大きめのノートを用意し、各ページとも、左6：右4くらいのところに線を引く。
② 左側には間違えた問題をコピーして貼り付け、しっかりと赤で×を付け、右側に「○○はAではなくB」とか「電卓のたたきミス」といった形で、『なぜ間違えたのか』の理由を書く。
③ さらに右側に、「ネットスクールに質問」とか「テキストを見直す」といった形で、『そのあとどうするのか』を書いておき、その結果も書き添えておく。

これだけのことを実行すれば、確実に実力がつき、合格していけます。
がんばりましょう！

企業の外部活動の処理

Chapter 5

その他の取引

ここでは，有価証券，有形固定資産，資本(純資産)取引について見ていきます。

まず，有価証券取引では，購入時における取得原価の決定，売却時における売却損益の計算，そして決算時における評価替えという処理をマスターしてください。

有形固定資産に関する取引では，取得時の処理および，決算時における減価償却の処理をマスターしてください。

資本(純資産)取引では，資本(純資産)取引にはどのようなものがあるのか，および，その中でも資本(純資産)の引出しにかかわる処理をマスターしてください。

有価証券

はじめに ■ 東京工務店は順調に業績を伸ばし，最近では資金的にもある程度の余裕ができてきました。せっかくできた余裕資金なのですから，ぜひ有利に運用したいと考えています。しかし，定期預金などは金利が低いため検討に値しません。

そこで，あなたは株券や公社債券を買って運用することにしました。株券・公社債券はどのように処理するのでしょうか。

● ●

簿記上の有価証券

01) 法律上は小切手，手形なども有価証券に含まれます。

また，自社の株式の発行は資本に関する取引であり，有価証券取引ではありません。

簿記上，**株式会社が発行する株式や社債，国や地方公共団体が発行する国債・地方債を有価証券**[01] といい，資金を運用するために（余剰資金の投資のために）用いられます。これらを購入したときには**有価証券勘定（資産の勘定）**を用いて処理します。

株式の処理

購入時 ● あなたがN社株式3株を1株につき，￥100,000で購入し，購入手数料￥6,000と合わせて現金で支払ったとします。このときは，購入手数料を含めて有価証券勘定の増加として処理します。これは，有価証券を手に入れるために支払った金額のすべてを有価証券の取得原価とするためです[02]。

02) 取得原価＝購入代価＋支払手数料

（借）有 価 証 券	306,000	（貸）現　　　　金	306,000

なお，1株当たりの取得原価（簿価）は￥306,000÷3株＝￥102,000となります。

売却時 ● あなたがN社株式1株を￥120,000で売却し，代金を現金で受け取ったとします。このとき売却益￥18,000（￥120,000－￥102,000）が生じますが，これは**有価証券売却益勘定（収益の勘定）**で処理します。

（借）現　　　　金	120,000	（貸）有 価 証 券	102,000
		有価証券売却益	18,000

また，売却により，損失が生じたときは**有価証券売却損勘定（費用の勘定）**で処理します。上記の例で1株￥100,000で売却した場合は売却損￥2,000（￥100,000－￥102,000）が生じます。

決算時 ● 決算を迎えて1株当たりの取得原価（簿価）¥102,000よりも，有価証券の時価（市場価格）¥100,000のほうが値下がりしていたときには，有価証券の簿価を引き下げるとともに，その差額を**有価証券評価損勘定（費用の勘定）**で処理します。

（借）有価証券評価損	4,000*	（貸）有価証券	4,000

*（¥102,000－¥100,000）×2株
＝¥4,000

逆に¥105,000に値上がりしていたときには，有価証券の簿価を引き上げるとともに，差額を有価証券評価益勘定（収益の勘定）で処理します。

（借）有価証券	6,000	（貸）有価証券評価益	6,000

公社債の処理

公社債[03]の場合にも株式と同じように，有価証券勘定で処理します。また，処理方法も基本的に違いはないのですが，**「どれだけ買い，どれだけ売ったか」を計算するときの計算方法**が異なります。

03）公債（国債，地方債）と社債（一般企業が発行する債券）を合わせて公社債といいます。

購入時 ● あなたはT社発行の額面¥2,000,000の社債を@¥100につき@¥97で購入し，代金は小切手を振り出して支払ったとします。このとき，「どれだけ買ったか」について次のように計算します。

> 額面総額 ¥2,000,000÷1口当たり額面¥100＝20,000口

したがって，このときの有価証券の購入価額（取得原価）は¥1,940,000（@¥97×20,000口）です。

（借）有価証券	1,940,000	（貸）当座預金	1,940,000

売却時 ● あなたはT社社債のうち，額面¥1,000,000を@¥98で売却し，代金は現金で受け取ったとします。このとき，「何口売ったか」について次のように計算します。

> 額面総額 ¥1,000,000÷1口当たり額面¥100＝10,000口

したがって，このときの有価証券の売却価額は¥980,000（@¥98×10,000口），帳簿価額は¥970,000（@¥97×10,000口）となります。

（借）現金	980,000	（貸）有価証券	970,000
		有価証券売却益	10,000

決算時 ● あなたの所有しているT社発行の社債の残り（額面 ¥1,000,000）が，決算時に時価@¥95に値下がりしていたとします。このときは，**値下がり分を有価証券評価損勘定で処理します**[04]。

04）値上がりしていた場合には有価証券評価益勘定で処理します。

＊（@¥97−@¥95）×10,000口＝¥20,000

（借） 有価証券評価損	20,000＊	（貸） 有 価 証 券	20,000

利息や配当金を受け取ったときは

有価証券を持っていると配当や利息を受け取ることができます。例えば，¥10,000の配当や利息を受け取った時は次のように仕訳します。

05）株主配当金領収証や期限の到来した公社債の利札が通貨代用証券であることを考えると「現金」とするのが適当です。

配当受取時	（借）現　金[05]	10,000	（貸）受 取 配 当 金	10,000
利息受取時	（借）現　金[05]	10,000	（貸）有 価 証 券 利 息	10,000

try it　**例題**　有価証券

Q 次の取引について仕訳を示しなさい。

① 有価証券（帳簿価額 ¥850,000）を売却し，その代金 ¥781,000を現金で受け取った。
② 取得価額 ¥80,000の株式の期末時価が ¥70,000となったので評価替えを行う。

解答欄

①				
②				

解 答

①	（借）現　　　金	781,000	（貸）有 価 証 券	850,000
	有価証券売却損	69,000		
②	（借）有価証券評価損	10,000	（貸）有 価 証 券	10,000

重要度 ◆◆◆◆◆　　　　　　　　　　　　　　　　　　　標準学習時間　25分

有形固定資産

はじめに ■ この度，4年前に購入したトラック(購入価額は ¥900,000)を同業のQ工務店に¥300,000で売却することになりました。これを知ったあなたは経理係の江良さんに「ずいぶん損な取引だね」と話したところ，江良さんは「そんなことはないよ。たぶん売却益が出るはずだよ」と言います。これはどういうことなのでしょうか。

有形固定資産とは

01) 土地については，使用や時の経過による価値の減少は考えられません。

　事務所，倉庫などの建物やその土地，椅子・机・コンピュータなどの備品，工事に使用する形のある建設機械，トラックなどの車両のように**長い期間，営業に使用するために所有する形のある資産**を有形固定資産(ゆうけいこていしさん)といいます。

　こうした資産は，営業に長期的に使用されるため，土地以外のものは次第に老朽化し，購入したときの価値が徐々に下がっていきます[01]。このために**減価償却**(げんかしょうきゃく)という手続を行います。

有形固定資産の処理

購入時 ● 有形固定資産を購入したときには，その有形固定資産の名称をつけた勘定で処理します。例えば，あなたは×1年1月1日にトラックを ¥850,000で購入し，代金を手数料 ¥50,000とともに現金で支払いました。このときには，**車両勘定(資産の勘定)の増加**として処理します。なお，車両勘定には ¥900,000と記入します[02]。

02) この金額を取得原価といいます。
取得原価＝購入代金＋付随費用
また車両勘定は「車両運搬具」とすることもあります。

(借) 車	両	900,000	(貸) 現	金	900,000

決算時 ● ×1年12月31日となり決算を迎えました。**決算のときには，上記のトラックについて減価償却を行います。**

　減価償却とは，使用や時の経過による固定資産の価値が下落することに着目して，その価値の減少額を見積もり，費用(減価償却費)として計上する手続をいいます。

(1) 減価償却費の計算

　減価償却費の計算方法には，いくつかの計算方法がありますが[03]，ここでは**定額法**(ていがくほう)について説明します。

03) 定率法，級数法，生産高比例法などがあります。これらについては上の級で学習します。

04) 固定資産の見積使用年数を耐用年数といいます。

05) 耐用年数経過後の見積処分価額(スクラップコスト)を残存価額といいます。

　定額法は，**毎年，同じ額だけ固定資産の価値は下がると考えて，減価償却費を計算する方法**であり，次の計算式により求めます。

$$減価償却費＝\frac{取得原価－残存価額[05](げんぞんかがく)}{耐用年数[04](たいようねんすう)}$$

上記車両の耐用年数が5年，残存価額が取得原価の1割であるとすれば，本年度の減価償却費は次のように計算されます。

$$\frac{¥900,000－¥900,000×10\%}{5年}＝¥162,000$$

(2) 減価償却費の記帳

減価償却費の処理方法には，①直接控除法と②間接控除法の2つがあります。

直接控除法は減価償却費の金額を有形固定資産の勘定の貸方に記入し，直接的に有形固定資産の価値の減少を示す方法です。間接控除法は，減価償却費の金額を有形固定資産の勘定から直接減額するのではなく，別に減価償却累計額勘定[06]（資産の勘定）を設けその貸方に記入し，有形固定資産の価値の減少を間接的に認識する方法です。

なお，借方はどちらも共通して減価償却費勘定を使います。

例えば，上記のトラックについて仕訳を示すと次のとおりです。

直接控除法の場合	（借）減 価 償 却 費	162,000	（貸）車	両	162,000
間接控除法の場合	（借）減 価 償 却 費	162,000	（貸）減価償却累計額		162,000

なお，有形固定資産の現在における実質価額を示すものとして，よく帳簿価額という言葉が用いられます。

間接控除法における帳簿価額は取得原価から減価償却累計額を差し引いた金額として求められます。

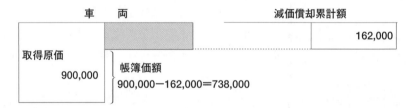

車　　両		減価償却累計額
取得原価 900,000	帳簿価額 900,000－162,000＝738,000	162,000

売却時 ● あなたは，購入から5年目の×5年1月1日にこのトラック(取得原価 ¥900,000，減価償却累計額 ¥648,000)を ¥300,000で売却し，代金を月末に受け取ることにしたとしましょう。このときには，売却に関する損益が生じますが，これは**固定資産売却益勘定（収益の勘定）**または**固定資産売却損勘定（費用の勘定）**で処理します。

$$\underset{\text{帳簿価額}}{\underline{固定資産売却損益＝売却価額－（取得原価－減価償却累計額）}}$$

（借）未 収 入 金	300,000	（貸）車	両	900,000
減価償却累計額	648,000	固定資産売却益		48,000*

06)このような勘定を資産の評価勘定といいます。これは，特定の資産について減少分（マイナス）のみを記録するために用いられる勘定です。したがって，この勘定の残高は貸方残高となります。

＊ ¥300,000－(¥900,000－¥648,000)＝¥48,000

修繕費の処理 ● 例えば，本社建物の壊れた屋根を修理するため，現金 ¥30,000を支払ったとしましょう。このような支出は，**本来の固定資産の機能を回復するためのもの**ですから，この支出額は**修繕費勘定（費用の勘定）**で処理します。このような支出を**収益的支出**といいます。

(借) 修 繕 費	30,000	(貸) 現 金	30,000

　また，例えば，本社建物に最新の防犯設備を取り付け，現金 ¥200,000を支払ったとしましょう。この支出により**建物の価値は増加**したとみることができます。そこで，このような支出額は**建物勘定（資産の勘定）**の増加として処理します。このような支出を**資本的支出**といいます。

(借) 建 物	200,000	(貸) 現 金	200,000

例題 有形固定資産

Q 次の取引について仕訳を示しなさい。

① 建設用機械1台を ¥20,000,000で購入し，代金は引取運賃，試運転費などの諸費用 ¥250,000とともに小切手を振り出して支払った。
② 機械装置（工事現場用）について減価償却費 ¥75,000を計上する。

解答欄

①			
②			

解答

①	(借) 機 械 装 置	20,250,000	(貸) 当 座 預 金	20,250,000
②	(借) 経 費 （減価償却費）	75,000	(貸) 機械装置減価償却累計額[07]	75,000

07) 減価償却の仕訳を行う時はその資産の具体名称を勘定科目の頭に付けることがあります。特に指示がないときは，具体名称を付けても付けなくても，どちらも正解となります。

資本(純資産)取引

はじめに ■ ある朝，いつものように出社したあなたは，机の上に，社長からの1枚のメモを見つけました。そこには「急な私用のため大阪まで行く。交通費として，金庫から現金¥50,000を借用した」とありました。
さて，このような場合どのように処理すればよいのでしょうか。

•••

資本取引

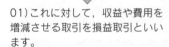

01)これに対して，収益や費用を増減させる取引を損益取引といいます。

　資本金を直接増減させる取引を**資本(純資産)取引**といいます[01]。例えば，**資金の元入れ**および**追加出資**などが代表的な資本取引にあたります。これに対して，事業主によって会社の現金などの資産が持ち出された場合を総称した**資本の引出し取引(資本の減少取引)**があります。これは**個人企業のみに許される特殊な資本取引**です。上記のような取引が資本の引出しにあたります。

資本の引出しの処理 ●

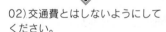

02)交通費とはしないようにしてください。
これは会社の交通費ではなく，社長のプライベートな交通費だからです。

　上記のように事業主が現金を私用のため持ち出したときは，**現金勘定を減少させるとともに資本金勘定を同額だけ減少させます**。これは会社の資本(純資産)が減少したと考えるためです[02]。
　上記の取引は次のように仕訳します。

(借)	資	本	金	50,000	(貸)	現		金	50,000

事業主借勘定と事業主貸勘定

03)これらに代えて，引出金勘定を使うこともあります。

　資本(純資産)の引出しは資本金勘定の減少として処理されます。しかし，**事業主による資本の引出し，または追加出資が頻繁に行われるときは，別に事業主借勘定と事業主貸勘定**を設けて処理する場合があります。
　この場合，企業に対する一時的な出資額は事業主借勘定で，また企業からの引出し額は事業主貸勘定でそれぞれ処理します[03]。

事業主借勘定と ● (1)　**資本(純資産)の引出しがあったとき**
事業主貸勘定の処理　例えば，事業主が私用のため現金¥10,000を持ち出したときは次のように仕訳します。

(借)	事 業 主 貸 勘 定	10,000	(貸)	現		金	10,000

(2) **資本（純資産）の追加出資を受けた時**

例えば，事業主が追加出資として ¥100,000の現金を元入れしたときは次のように仕訳します。

（借）現	金	100,000	（貸）事業主借勘定[04]	100,000

04）追加出資については本来資本金勘定で処理すべきものです。しかし，出資額が少額であったり，またその回数が多く，一時的なものであるときは事業主借勘定を用いることが適当です。

(3) **事業主貸勘定および事業主借勘定の資本金勘定への振替え**

事業主貸勘定および事業主借勘定は資本（純資産）の追加出資および引出しが頻繁に行われるとき，期中においてそれらの金額を一時的，便宜的に処理するものにすぎません。したがって，決算時に，それらの勘定の残高は本来の性質である資本金勘定に振り替えます。

前記の(1)，(2)の取引を例にすれば次のように仕訳します。

（借）資 本 金	10,000	（貸）事業主貸勘定	10,000
（借）事業主借勘定	100,000	（貸）資 本 金	100,000

try it 　例題　　個人企業における資本金勘定

Q 次の取引について仕訳を示しなさい。

① 斉藤太郎は，本日，斉藤塗装店を開業するにあたり，現金 ¥100,000，土地 ¥300,000，建物 ¥150,000を元入れした。

② 斉藤太郎は家計費 ¥18,000を店の現金で支払った。

③ 斉藤太郎は事業拡張のための現金 ¥150,000を追加元入れした。

解答欄

①				
②				
③				

解答

①	（借）現	金	100,000	（貸）資 本 金	550,000
	土	地	300,000		
	建	物	150,000		
②	（借）事業主貸勘定[05]		18,000	（貸）現 金	18,000
③	（借）現	金	150,000	（貸）事業主借勘定[05]	150,000

05）これらに代えて，資本金勘定または引出金勘定でも可。

♥ ちょっと一息

～「ケアレスミス撲滅運動」～

自分がもし、ケアレスミスをまったくしない人間だったら…。
それは素晴らしいことですよね。なんせ、学んだ分だけ正確に得点にできるんですから、今後受ける試験でもどれだけ有利になることか。

みなさん、この状況を目指しましょう！

そのためには、まず「ケアレスミスとは何か」を考えなければなりません。
ケアレスミスは、その人独特の癖なのです。癖なので、まったくない人もいなければ、10も20もある人もいません。みんな必ず、いくつかの癖をもっています。要するにその癖を本試験のときに出さないようにすればいい、それだけのことです。

じゃあ、どうすれば癖が出なくなるのか。
まず、ケアレスミスという言葉をタブーにしましょう。
ケアレスミスなどという言葉を使うからいけない。
問題を読み飛ばしても、電卓の数字を見間違えても、桁ミスをしても、なにをやってもケアレスミスという言葉を使うと、全部が包含されてしまって、自分にどの癖があるのかがわからなくなってしまう。だから当然に気を付けることもできない。

まず、本書の問題を解く中で、自分が犯してしまうケアレスミスの種類を見つけましょう。それには、ケアレスミスをしたら必ず書き留めておき、それを常日頃から目にするようにしておくことです。そして、問題を解く前にそれを見て、そのミスが出ないように気を付ける。
この作業で、ケアレスミスはなくせます。

みなさんの実力が、そのまま本試験で出せますように‥‥。
これが、私からみなさんへの最高の祈りです。

企業の内部活動の処理

Chapter 6
完成工事原価の計算

　ここでは企業内部の活動（建設活動）についての処理を学習します。

　建設業は、受注した工事にかかった費用（工事原価）を自分で計算しなければなりません。ここではその計算手続をみていきます。

　まず、工事原価の計算は帳簿上で行いますから、帳簿にどのような勘定科目が設けられ、どのように使うのかを理解し、次に、その計算手続の全体の流れを理解することが重要です。また、この手続きにおいては総勘定元帳のほかに、その内訳明細を記録するための補助簿が設けられます。そこで、総勘定元帳と補助簿の関係についても理解する必要があります。

〈流れ〉

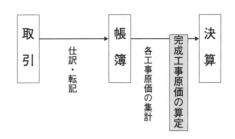

完成工事原価の計算

はじめに ■ 建設業簿記は建設会社におけるいろいろな活動を帳簿に記録し，最終的にはそれを財務諸表として表します。特に建設業では，請負工事にかかわる工事原価を計算しなければならないところに大きな特徴があります。そのため，一般の商品売買業（商業簿記）にはない独特な勘定科目や計算手続があります。それでは，これらのアウトラインを眺めてみることにしましょう。

●●

工事原価とは

01）製造業（工業簿記）における製造原価を計算するための手続きとほぼ同じです。

　工事を完成させるためには，材料を仕入れたり，職人などを雇い入れたり，水道光熱費などのさまざまな費用（原価）が発生します。このような**工事を完成させるためにかかる費用を工事原価**といいます。そして，この工事原価は総勘定元帳に以下の**勘定体系**[01] をもって記録されると同時に，**各工事ごとの工事原価は工事台帳および原価計算表に記録**されます。工事台帳，および原価計算表は未成工事支出金勘定の内訳明細を示す補助簿として機能します。

02）未完成の工事に対して支出した金額，つまり製造業における仕掛品勘定に相当します。

03）完成した工事の原価，完成した工事はすぐに引き渡される（受注生産では製品を在庫することはない）ので，製造業における売上原価に相当します。

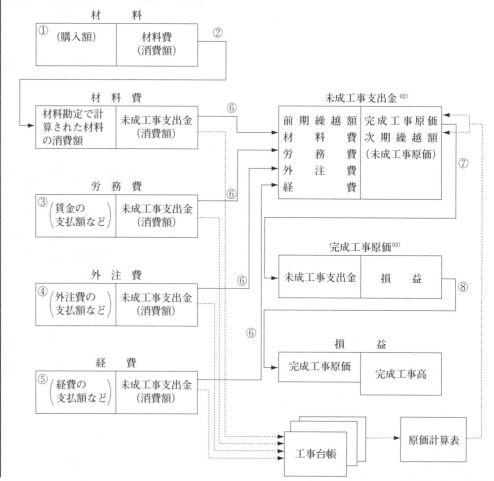

工事原価の計算手続

では，前ページの勘定体系をもとに，(完成)工事原価の計算手続を確認しましょう。

(1)原価の費目別計算 ● 工事原価のもととなる**原価要素を材料費，労務費，外注費，経費に分類**して，それぞれの消費額を計算していきます(なお，計算の流れの理解を容易にするため金額は少額にしてあります)。

材料の購入 ◆ 材料 ¥100を購入し，代金は掛とした。①

|(借) 材　　　料 [04]|100|(貸) 工 事 未 払 金|100|

材料の消費 ◆ 材料 ¥80を建設現場に投入した。②

|(借) 材 料 費|80|(貸) 材　　　料|80|

賃金の支払い ◆ 現場作業員に対する賃金 ¥50を現金で支払った。③

05)労務費には，賃金の他，給料，賞与，雑給なども含まれます。

|(借) 労 務 費 [05]|50|(貸) 現　　　金|50|

外注費の発生 ◆ 左官工事を外注に出し，その代金 ¥20を現金で支払った。④

|(借) 外 注 費|20|(貸) 現　　　金|20|

経費の発生 ◆ 現場用消耗品およびその他の工事のための経費 ¥35を現金で支払った。⑤

|(借) 経 費|35|(貸) 現　　　金|35|

(2)工事原価の集計手続 ● **各費目の消費額を未成工事支出金勘定に集めます。**

決算となり，各費目の消費額を未成工事支出金勘定に振り替えた。⑥
材料費 ¥80，労務費 ¥50，外注費 ¥20，経費 ¥35

(借) 未成工事支出金	185	(貸) 材 料 費	80
			労 務 費	50
			外 注 費	20
			経 費	35

(3)完成工事原価の計算 ● 未成工事支出金勘定で完成工事原価を計算します。

工事台帳より，未成工事原価を調べたところ ¥25と計算された。なお，前期より繰越された未完成工事原価はなかった。⑦

* ¥185－¥25＝¥160

（借） 完 成 工 事 原 価	160*	（貸） 未 成 工 事 支 出 金	160

期末の未成工事支出金勘定の残高から，期末の未完成工事原価を差し引き，完成工事原価を計算します。次にその金額を完成工事原価勘定へ振り替えます。

(4)損益勘定への振替え ● 当期における完成工事高は ¥250であった。06) そこで，完成工事高および完成工事原価を損益勘定へ振り替えた。⑧

06) 工事収益の計上基準（計上するタイミング）には工事が完成し，引き渡したときに計上する工事完成基準の他に，工事の進行に合わせて計上する工事進行基準があります。

（借） 完 成 工 事 高	250	（貸） 損 益	250
損 益	160	完 成 工 事 原 価	160

勘定記入 ● 上記の取引における勘定体系の記入は次のとおりです。

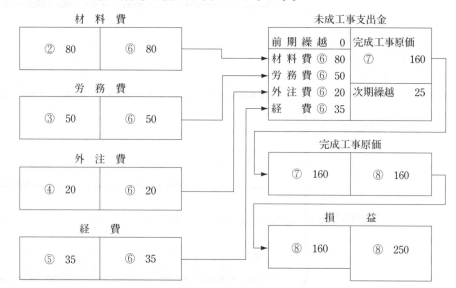

try it

例題 完成工事原価の計算

Q 次の資料により完成工事原価を計算しなさい。

(1) 各費目の消費額
材料費 ¥8,500，労務費 ¥4,300，外注費 ¥2,500，経費 ¥5,100
(2) 期首における未成工事支出金… ¥2,600
(3) 期末における未成工事支出金… ¥3,500

解答欄	

解 答	**¥19,500**

工事原価の費目別計算

はじめに ■ Section 1では完成工事原価を計算するためのしくみについてその概要を見てきました。このSectionではそこで扱われた工事原価にスポットをあて，詳しく考えてみましょう。

工事原価とは，工事の完成に要した費用で，大きく材料費，労務費，外注費，経費の4つに分類されることは前述しました。では，工事原価と費用の違いはどこにあるのでしょうか。また，上の4つの費目には具体的にどのようなものが含まれ，それぞれの消費額はどのように計算されるのでしょうか？

● ●

工事原価と費用の区別

(1) 工事原価は，建設会社で発生した費用のうち，**工事に直接にかかわる部分**をいいます。

したがって，工事の受注，工事代金の回収といった営業活動にかかわるものや，資金調達活動などの財務活動に関わるものは，工事原価に含みません。

(2) また，工事に直接に関わる費用であっても，それが**異常な原因による場合には，工事原価に含みません。**例えば，材料の消費であっても，それが火災や盗難による場合には，その材料の消費額は工事原価とはしません。そのような場合には火災損失，盗難損失(ともに費用の勘定)として処理します。

原価集計のプロセス

工事原価は材料費・労務費・外注費・経費に大別されます。また，工事原価の集計はこの4つの原価を個別に集計し，それを未成工事支出金勘定に振り替え，完成分の原価と未完成分の原価とを集計します。4つの費目別に原価を集計するプロセスを「工事原価の費目別計算」，工事別に原価を集計するプロセスを「工事別原価計算」といいます。

〈工事原価の集計〉

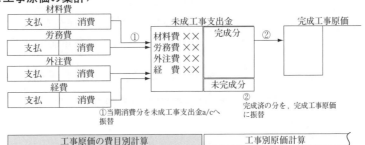

材料費とは

　工事を完成させるために**物品を消費する**ことによって**発生する原価を材料費**といいます。

　材料費に含まれるものとしては次のものがあります。

①素　　材　　費………工事の基本的構成部分として直接消費されるもの。

②買 入 部 品 費………工事の付属的構成部分として，外部から購入され取り付けられるもの。

③燃　　料　　費………エネルギーとして工事のために消費されるもの。

④現 場 消 耗 品 費………工事の補助的，管理的な作業のために消費されるもの。

⑤消耗工器具備品費………耐用年数が1年未満または金額が僅少な工具器具備品。

材料費の計算

　材料費は**材料勘定**と**材料費勘定**で計算されます。

材　　料		材料費	
購 入 額	消 費 額 →	消 費 額	未成工事支出金勘定へ振替

材料費の購入 ● 材料を購入した時には，購入代価のほかに，付随費用を含めた取得原価をもって材料勘定の借方に記入します。

消費額の計算 ● 材料は(本社)倉庫から現場に運び入れられた時点でその消費を認識します。そして，その消費額は次のように計算します。

$$材料費 ＝ 単価 × 数量$$

(1)　**単価計算**

　購入材料の単価が異なる時は，消費した材料の単価を①**先入先出法**，②**移動平均法**などの一定のルールに基づき計算します。

　①先入先出法：先に仕入れた材料から順次払い出されたものと仮定して消費単価を計算する方法です。

　②移動平均法[01]：異なる単価の材料を購入するつど(加重)平均単価を計算し，この平均単価をもって消費単価とする方法です。

$$(加重) 平均単価＝（残高＋仕入高）÷（残量＋仕入量）$$

01) 移動平均法が2級の出題範囲に変更された（平成10年）ため，先入先出法のみが3級の出題範囲となっています。

⑵ **数量計算**

　数量計算には，材料消費のつど消費数量をチェックする**継続記録法**と，一定期間の末日に棚卸を行い，この数量を総数量(繰越数量＋仕入数量)から差し引くことにより一括して消費数量を把握する**棚卸計算法**の２つがあります。

　継続記録法は消費数量および在庫数量を逐次チェックするため在庫管理の点で優れていますが，手数がかかります。棚卸計算法は，記帳の手数はかかりませんが，消費数量をチェックしないため在庫管理の点で問題があります。

材料元帳への記帳

材料元帳とは ● 材料の在庫管理のために用いられる補助簿を**材料元帳**(ざいりょうもとちょう)といいます。

　材料元帳は，材料の**購入**，**払出し**，**残高**につき，それぞれ，**数量**，**単価**，**金額**を計算し記録します。

　では，この材料元帳の記帳を通して材料の消費額を計算してみましょう。

　例えば，Ｅ工務店における７月中の甲材料の受払いは次のとおりであったとして，先入先出法による材料の消費額を計算してみます。

　７月１日　前月繰越高　＠￥300　　　100個
　　　５日　仕　　入　　＠￥310　　　300個
　　　10日　払 出 し　　　　　　　　　200個
　　　17日　仕　　入　　＠￥315　　　200個
　　　26日　払 出 し　　　　　　　　　240個

材料元帳への記帳 ● 材料元帳は次の要領で記入します。

先入先出法　　　　　　　　材 料 元 帳　　　　　　　　　（単位：円）
甲材料

日付		摘要	受　入			払　出			残　高		
			数量	単価	金額	数量	単価	金額	数量	単価	金額
7	1	前月繰越	100	300	30,000				100	300	30,000
	5	仕　入	300	310	93,000				300	310	93,000
	10	払　出				100	300	30,000			
						100	310	31,000	200	310	62,000
	17	仕　入	200	315	63,000				200	315	63,000
	26	払　出				200	310	62,000			
						40	315	12,600	160	315	50,400
	31	次月繰越				160	315	50,400			
			600	—	186,000	600	—	186,000			
8	1	前月繰越	160	315	50,400				160	315	50,400

前月からの繰越額をここに記入します。

払出単価が複数あるときはカッコでくくります。

月末の棚卸高を次月繰越として，ここに記入します。

7月中における材料の消費額は次のように計算されます。

7月10日分： ￥30,000＋ ￥31,000＝ ￥61,000

7月26日分： ￥62,000＋ ￥12,600＝ ￥74,600

7月中の材料費（消費額）…………￥135,600

労務費とは

建設業会計における労務費は，工事に直接従事した作業員に対する賃金，給料，手当などであり，**労働用役の消費によって生じる原価**をいいます。

なお，工事現場の管理業務に従事する技術・事務職員に対する給料などは経費として，また本社事務員の給料などは営業費用(販売費及び一般管理費)として処理されます。

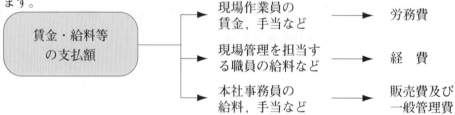

労務費の計算

賃金等の支払い ● **賃金支給総額**をもって**労務費勘定**の借方に記入します。このとき，源泉所得税，社会保険料などを控除するときは，その金額を**預り金勘定**の貸方に記入し，処理します。

例えば賃金支給総額 ￥100,000のうち，￥8,000の所得税を控除し，残りを現金で支払ったような場合には次のように仕訳します。

（借）労　務　費	100,000	（貸）預　り　金	8,000
		現　　金	92,000

消費額の計算 ● 賃金の消費とは，支払われた賃金のうち**実際に工事の完成のために消費された部分**をいいます。

この消費額は通常次のように計算します。

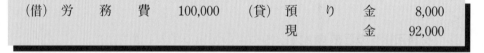

労務費＝消費賃率[02]×作業時間

02）作業1時間当たりの実際賃金のことです。つまり，労務費を時給計算することをいいます。

ただし，建設業経理事務士3級の試験では，この労務費の消費額を特別に計算することはなく，支払額＝消費額と考えてよいでしょう。

外注費とは

外注費とは，工事のために，素材・半製品・製品などを作業とともに提供し，これを完成する契約，いわゆる**下請契約に基づいて発生した原価**をいいます。

一般の製造業では，外注費は経費の1つとして計算されますが，建設業では，工事原価に占める外注費の割合が高いため，経費とは分離して計算されます。

外注費の計算

外注費の計上 ● 外注費は，下請業者から作業の進み具合に応じて提出される報告書に基づき処理します。

例えば，下請業者から下請けの契約価額 ¥100,000の工事につき，50%まで完成した旨の報告を受けたときは次のように仕訳します。

＊¥100,000×50％＝¥50,000

（借）外 注 費	50,000*	（貸）工 事 未 払 金	50,000

また，その後その代金を現金で支払ったときは，次のように仕訳します。

（借）工 事 未 払 金	50,000	（貸）現 金	50,000

消費額の計算 ● 外注費は下請業者からの作業の進み具合に応じて計上されるため，外注費の計上＝消費額と考えられます。また，建設業経理事務士3級の試験でも，消費額の計算は必要ありません。

経費とは

経費の内容 ● 経費とは，工事について発生した材料費，労務費，外注費以外の原価要素をいい，設計費，機械使用料，現場の技術者・監督者および事務職員の給料，水道光熱費，旅費交通費，減価償却費などいろいろなものが含まれます。

なお，工事に関係しない，本社事務員の給料，本社の水道光熱費などは営業費（販売費及び一般管理費）として処理します。

家賃・水道光熱費 減価償却費など ━━▶ 工事に直接関係する ━━▶ 経費

━━▶ 工事に直接関係しない ━━▶ 販売費及び一般管理費

経費の分類 ● また，建設業簿記では経費を**工事経費**と**現場経費**に分類することがあります。これは，工事契約締結の際に見積工事原価として計算される経費と，工事完成後，実際の工事原価を計算する際に含まれる経費との間に違いが生じるためです。

①工事経費：請負工事の見積など，事前の工事原価の算定に際して用いられる経費をいいます（仮設経費，機械等経費など）。

②現場経費：工事経費以外の経費で，主に事後的に発生する現場管理的な経費をいいます（労務管理費，事務用消耗品費など）。

なお，**完成工事原価を構成する「経費」には工事経費のほかに，現場経費も含まれます**。

経費の計算

経費の計上 ● 水道光熱費などは支払いの時，または請求を受けた時に，また，減価償却費などは決算時にその処理が行われた時点で，経費勘定の借方に記入し処理します。

消費額の計算 ● 一般に経費はその性格の違いに応じて，①支払経費，②月割経費，③測定経費，④発生経費の４つに区別し消費額が計算されます。

　　しかし，建設業経理事務士３級の試験では経費の消費額を実際に計算する出題はなく，支払額などをそのまま消費額と考えてよいでしょう。

各費目の消費額の振替え

　　各費目の勘定で計算された各費目の消費額は，**決算時において一括して未成工事支出金勘定に振り替えます。**

try it　例題　　原価の費目別計算

Q

1．次の取引の仕訳を示しなさい。

① 宮崎建材店から材料 ¥350,000を購入し，本社倉庫に搬入した。代金のうち ¥50,000は前渡金と相殺し，残額は月末に支払うこととした。
② 本社事務員の給料 ¥265,000と，作業員の賃金 ¥310,000をそれぞれ現金で支払った。
③ 専門工事業者より作業完了の報告があり，その外注代金 ¥170,000は月末に支払うこととした。
④ 工事用ヘルメットを購入し，その代金 ¥123,000を小切手を振り出して支払った。

解答欄

①				
②				
③				
④				

解　答

①	（借）材　　　　　料		*350,000*	（貸）工 事 未 払 金	*300,000*
				前　渡　金	*50,000*
②	（借）給　　　　　料		*265,000*	（貸）現　　　　　金	*575,000*
	労　　務　　費		*310,000*		
③	（借）外　注　費		*170,000*	（貸）工 事 未 払 金	*170,000*
④	（借）経　　　　　費		*123,000*	（貸）当 座 預 金	*123,000*

2．次の資料によって，先入先出法による材料元帳の記入を行いなさい。

3月1日　前月繰越　　10個　@￥500

8日　購　　入　　20個　@￥560

15日　払い出し　　15個

23日　購　　入　　15個　@￥480

材　料　元　帳

先入先出法　　　　　　　　　　　A 材 料　　　　　　　　　　（単価：円）

×　年		摘　要	受　入			払　出			残　高		
			数量	単価	金額	数量	単価	金額	数量	単価	金額

材　料　元　帳

先入先出法　　　　　　　　　　　A材料　　　　　　　　　　（単位：円）

×　年		摘　要	受　入			払　出			残　高		
			数量	単価	金額	数量	単価	金額	数量	単価	金額
3	1	繰　越	10	500	5,000				10	500	5,000
	8	購　入	20	560	11,200				10	500	5,000
									20	560	11,200
	15	払　出				10	500	5,000			
						5	560	2,800	15	560	8,400
	23	購　入	15	480	7,200				15	560	8,400
									15	480	7,200

未成工事支出金と工事台帳

はじめに ■ ある日，あなたは営業担当のN氏から「徳川不動産から受けた工事について，工事原価を調べておいて欲しい」との依頼を受けました。

さっそく，あなたは総勘定元帳を持ち出して調べ始めたのですが，総勘定元帳にある金額はどの工事についての金額かがはっきりしません。困りはてたあなたは，これを経理主任に相談したところ，経理主任は「それは当然だよ。そのような場合は，工事台帳を見るんだよ」と言われました。

そこであなたは工事台帳を見てみることにしました。

● ●

工事原価を集計するための帳簿等

01）工事台帳および原価計算表は未成工事支出金勘定の内訳明細を示す補助簿です。

建設業において工事原価の記録・集計手続は最も大切な手続きです。そのため，**工事原価は総勘定元帳における未成工事支出金勘定の他に，①工事台帳，②原価計算表という補助簿**[01] が設けられ，工事ごとに記録・集計していきます。

未成工事支出金 ● すべての工事原価がこの勘定の借方に集計されます。そして，その金額（総工事原価）から期末における未完成工事原価を差し引くことにより，1会計期間の完成工事原価が計算されます。

工事台帳 ● 工事台帳とは，個々の工事ごとに作成し，個々の工事の進行に伴い発生した原価を**個々の工事ごとに集計**するための帳簿です。その記入要領は次のとおりです。

工 事 台 帳

着工日　平成×年9月5日　　　　　　　　　　　　　台　帳　No. 1003
完成日　平成×年9月30日　　　　　　　　　　　　工事名　○○工事

| 工　事　支　出　金 | | | | | | | | | | | | | | (単位：千円) |
| 材　料　費 | | | 労　務　費 | | | 外　注　費 | | | 経　　費 | | | 合　　　計 | | | |
月	日	金額	月	日	金額	月	日	金額	月	日	金額	月	日	費　　目	金額
9	5	35	9	7	12	9	12	85	9	7	13	9	30	材　料　費	81
	18	46		14	36		29	25		10	8			労　務　費	136
				21	41					15	11			外　注　費	110
				28	38					22	18			経　　費	50
				30	9										
		81			136			110			50				377

原価計算表 ● 原価計算表とは，工事原価を計算・集計するために，**工事台帳の内容を一覧表にした**ものです。

未成工事支出金勘定と工事台帳(原価計算表)との関係

未成工事支出金勘定と工事台帳(原価計算表)の関係は次のとおりです。

02)決算日に一括して振替え
03)原価発生ごとに各工事ごとの
工事台帳に記録します。

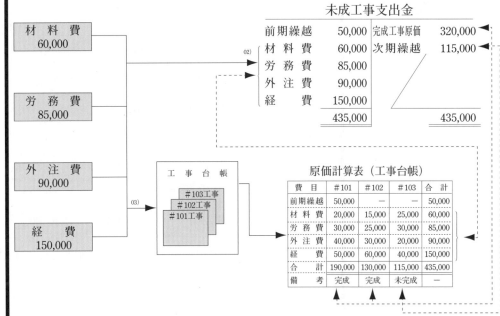

完成工事原価の振替え

未成工事支出金勘定により計算された**完成工事原価**は完成工事原価勘定に振り替えます。

また，外部の利害関係者への報告のため，**完成工事原価報告書**が作成されます。

*1 ￥40,000＋￥20,000
　＋￥15,000＝￥75,000
*2 ￥10,000＋￥30,000
　＋￥25,000＝￥65,000
*3 ￥40,000＋￥30,000
　＝￥70,000
*4 ￥50,000＋￥60,000
　＝￥110,000

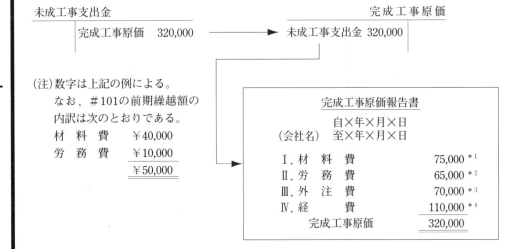

try it | **例題** | 原価の工事別計算

Q 次のデータを参照にして以下の完成工事原価報告書に記入すべき金額を計算しなさい。

工 事 原 価 計 算 表

（単位:円）

摘　要	No.205工事		No.206工事
	前期分	当期分	当期分
材 料 費	32,000	46,000	42,000
労 務 費	16,000	21,000	19,000
外 注 費	18,000	19,800	20,300
経　　費	5,200	7,600	6,500
合　　計	71,200	94,400	87,800

（注）当期中にNo.205工事が完成し，No.206工事は期末現在未完成である。

完 成 工 事 原 価 報 告 書

（単位：円）

Ⅰ．材　料　費	（　①　）
Ⅱ．労　務　費	（　②　）
Ⅲ．外　注　費	（　③　）
Ⅳ．経　　　費	（　④　）
完成工事原価	（　⑤　）

解　答　① *78,000*　② *37,000*　③ *37,800*　④ *12,800*
⑤ *165,600*

Chapter 7

試算表の作成

　総勘定元帳の内容を一覧表の形にしたものを試算表といいます。試算表はその時点における財政状態および収益・費用の状況を確認するために，また，試算表は帳簿に誤記入等があるとその貸借が一致しないため，帳簿に正しく記入されているかどうかを知る手段としても，数多く利用されています。ここでは，試算表の作成の手順をマスターしてください。

試算表

はじめに ■ 月末が近くなり，材料の納品伝票のほか各種の伝票のチェックをしていたあなたは，いくつかの項目について伝票と総勘定元帳の金額が一致していないことに気がつきました。これを経理主任に報告したところ，「まず，試算表を作って総勘定元帳の金額をチェックするように」と言われました。あなたは，さっそく試算表の作成にとりかかることにしました。

試算表とは

　総勘定元帳における**各勘定口座の内容を一つの表にまとめたもの**を**試算表**(Trial Balance＝T/B)といいます。

　試算表を作成することにより，その時点における財政状態および経営成績の概況をチェックしたり，また総勘定元帳の各勘定口座に誤記入などがないかどうかを検証することもできます。

試算表の種類と作成の概要

　試算表には，**合計試算表**，**残高試算表**，**合計残高試算表**の３つの種類があります。ここで，「合計」と「残高」とは，次のようなものです。

現　　　金

借方合計 = ¥10,000

4/1	資　本　金	5,000	4/18 工事未払金 1,500
5	借　入　金	2,000	
21	完成工事高	3,000	

貸方合計 = ¥1,500

残　高 = ¥8,500

合計試算表 ● 合計試算表とは各勘定口座の借方と貸方の合計を記入して作成する試算表です。

合計試算表の作り方

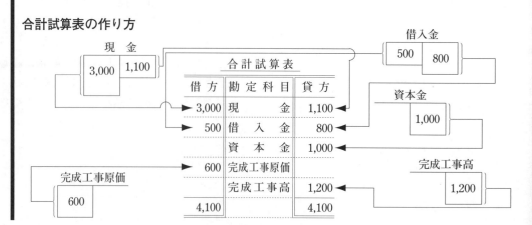

借　方	勘　定　科　目	貸　方
3,000	現　　　　金	1,100
500	借　入　金	800
	資　本　金	1,000
600	完成工事原価	
	完成工事高	1,200
4,100		4,100

残高試算表 ● 残高試算表とは,各勘定口座の借方または貸方の残高を記入して作成する試算表です。

残高試算表の作り方

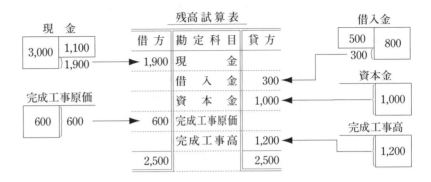

合計残高試算表 ● 合計残高試算表とは,合計試算表と残高試算表とをあわせた試算表です。

合 計 残 高 試 算 表

借方残高	借方合計	勘 定 科 目	貸方合計	貸方残高
1,900	3,000	現　　　　　金	1,100	
	500	借　　入　　金	800	300
		資　　本　　金	1,000	1,000
600	600	完 成 工 事 原 価		
		完 成 工 事 高	1,200	1,200
2,500	4,100		4,100	2,500

try it　**例題**　試算表

Q 次の勘定記入に基づいて合計試算表を作成しなさい。

現　金	
5,600	3,100

借　入　金	
1,000	1,000

資　本　金	
	2,000

完成工事高	
	2,500

販売費及び一般管理費	
1,600	

支　払　利　息	
400	

解　答　欄

合 計 試 算 表

借　方	勘 定 科 目	貸　方
(　　　)	現　　　　　金	(　　　)
(　　　)	借　　入　　金	(　　　)
	資　　本　　金	(　　　)
	完　成　工　事　高	(　　　)
(　　　)	販売費及び一般管理費	
(　　　)	支　払　利　息	
(　　　)		(　　　)

解　答

合 計 試 算 表

借　方	勘 定 科 目	貸　方
(5,600)	現　　　　　金	(3,100)
(1,000)	借　　入　　金	(1,000)
	資　　本　　金	(2,000)
	完　成　工　事　高	(2,500)
(1,600)	販売費及び一般管理費	
(400)	支　払　利　息	
(8,600)		(8,600)

試算表の作成

はじめに ■ このSectionでは皆さんに新たな項目についてお話しすることはありません。ここでは, これまでに学習した項目を試算表の作成という問題を通じて復習してみましょう。もっとも, ここで扱う問題は建設業経理事務士試験（3級）において毎回のように出題されている, 受験対策の上では極めて重要なポイントです。また, このパターンの問題を解答するにはちょっとしたコツが必要となります。そのコツをお教えしましょう。

設　例 ● A：東京工務店の5月28日現在の合計試算表は次のとおりです。

合 計 試 算 表

平成×年5月28日　　　　　　　　（単位：円）

借　　方	勘 定 科 目	貸　　方
981,000	現　　　　　　　金	652,000
3,388,000	当　座　預　金	2,728,000
1,448,000	受　取　手　形	904,000
3,896,000	完 成 工 事 未 収 入 金	2,600,000
1,300,000	材　　　　　料	1,176,000
580,000	備　　　　　品	
960,000	支　払　手　形	1,320,000
1,392,000	工　事　未　払　金	1,800,000
688,000	未 成 工 事 受 入 金	1,650,000
	資　　本　　金	1,200,000
	完　成　工　事　高	3,424,000
968,000	材　　料　　費	
664,000	労　　務　　費	
445,000	外　　注　　費	
248,000	経　　　　　費	
509,000	販売費及び一般管理費	
	雑　　収　　入	13,000
17,467,000		17,467,000

B：5月29日から5月31日にかけて，次の取引があったとします。

　5月29日：工事の未収代金の決済として，¥450,000の約束手形を受け取った。
　　〃　：材料 ¥68,000を本社倉庫より現場に搬入した。
　5月30日：材料の買掛代金 ¥180,000の支払いのための小切手を振り出した。
　　〃　：本社事務員の給料 ¥88,000および現場作業員の賃金 ¥105,000を現金
　　　　　で支払った。
　5月31日：契約価額 ¥500,000の工事が完了したので引き渡し，頭金 ¥100,000を
　　　　　差し引いた残金を請求した。
　　〃　：取立依頼をしていた約束手形 ¥230,000が決済され当座預金に振り込ま
　　　　　れた。
　　〃　：本社事務所の家賃 ¥160,000および現場事務所の家賃 ¥85,000を小切
　　　　　手を振り出して支払った。

C：A，Bの資料をもとに5月31日現在の合計残高試算表を作成してみましょう。

解答への道

Step 1

まず，計算用紙などに（A）の合計試算表にある勘定科目について，Tフォームを作り，そこに試算表の金額（借方・貸方の合計額）を記入しましょう[01]。

01) この問題では最大17個のTフォームを作ることになります。しかし，金額の増減の少ない勘定科目については必ずしもTフォームを設ける必要はありません。

現　　金		当座預金		受取手形	
981,000	652,000	3,388,000	2,728,000	1,448,000	904,000

Step 2

次にBの取引の仕訳を行いTフォームへ転記していきます。なお，慣れてくると仕訳は頭の中で行い，直接にTフォームへ転記をしていくと，より速く解答することができます。

29日：工事未収代金の約束手形による受取り。

（借）受　取　手　形　450,000　（貸）完成工事未収入金　450,000

転記

受取手形		完成工事未収入金	
1,448,000	904,000	3,896,000	2,600,000
29： 450,000			29： 450,000

これ以外の取引も同様に，仕訳・転記をしていきます。

─ Step 3～合計残高試算表の作成 ─

Tフォームの借方，貸方それぞれの合計額を合計試算表へ記入します。合計試算表の貸借の合計額が合っていたら，差額を残高試算表に記入します。残高試算表の貸借の合計も合えば終了です[02]。

02）合計残高試算表は，合計試算表欄を完成させてから残高試算表欄の作成を始めます。

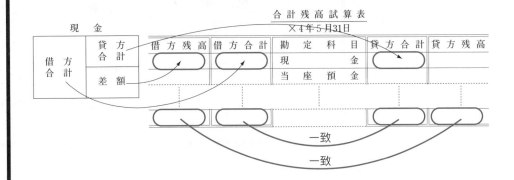

解 答 ● 5月31日現在の合計残高試算表は次のとおりです。

合計残高試算表
平成×年5月31日 （単位：円）

借方残高	借方合計	勘定科目	貸方合計	貸方残高
136,000	981,000	現　　　金	845,000	
465,000	3,618,000	当 座 預 金	3,153,000	
764,000	1,898,000	受 取 手 形	1,134,000	
1,246,000	4,296,000	完成工事未収入金	3,050,000	
56,000	1,300,000	材　　　料	1,244,000	
580,000	580,000	備　　　品		
	960,000	支 払 手 形	1,320,000	360,000
	1,572,000	工 事 未 払 金	1,800,000	228,000
	788,000	未成工事受入金	1,650,000	862,000
		資　　本　　金	1,200,000	1,200,000
		完 成 工 事 高	3,924,000	3,924,000
1,036,000	1,036,000	材　料　費		
769,000	769,000	労　務　費		
445,000	445,000	外　注　費		
333,000	333,000	経　　　費		
757,000	757,000	販売費及び一般管理費		
		雑　収　入	13,000	13,000
6,587,000	19,333,000		19,333,000	6,587,000

なお，5月29日から31日までの取引の仕訳は次のとおりです。

5月29日	（借）	受 取 手 形	450,000		（貸）	完成工事未収入金	450,000
	（借）	材 料 費	68,000		（貸）	材 料	68,000
5月30日	（借）	工 事 未 払 金	180,000		（貸）	当 座 預 金	180,000
	（借）	販売費及び一般管理費	88,000		（貸）	現 金	193,000
		労 務 費	105,000				
5月31日	（借）	未成工事受入金	100,000		（貸）	完 成 工 事 高	500,000
		完成工事未収入金	400,000				
	（借）	当 座 預 金	230,000		（貸）	受 取 手 形	230,000
	（借）	販売費及び一般管理費	160,000		（貸）	当 座 預 金	245,000
		経 費	85,000				

借方，取引合計	1,866,000	貸方，取引合計	1,866,000
合 計 試 算 表	17,467,000	合 計 試 算 表	17,467,000
	19,333,000		19,333,000

try it　例題　試算表の作成

Q 次の(A)合計試算表と(B)諸取引に基づいて，月末の合計残高試算表を作成しなさい。

(A) 平成×年4月24日（単位：円）

	借 方	貸 方
現 金	450,000	180,000
当 座 預 金	830,000	350,000
受 取 手 形	564,000	220,000
完成工事未収入金	1,250,000	910,000
材 料	228,000	166,000
車 両 運 搬 具	300,000	
工 事 未 払 金	413,000	568,000
借 入 金	30,000	200,000
未成工事受入金	150,000	220,000
資 本 金		1,000,000
完 成 工 事 高		950,000
材 料 費	204,000	
労 務 費	81,000	
外 注 費	76,000	
経 費	53,000	
販売費及び一般管理費	126,000	
支 払 利 息	9,000	
合 計	4,764,000	4,764,000

(B) 平成×年4月25日から30日までの取引

4月25日 現場作業員の賃金￥45,000を現金で支払った。

26日 完成工事未収入金￥60,000を現金で回収した。

27日 本社事務所家賃￥55,000を小切手を振り出して支払った。

28日 借入金￥50,000を利息￥2,000を含めて小切手を振り出して支払った。

29日 完成工事未収入金￥48,000を約束手形で受け取った。

30日 工事未払金￥60,000を手許の手形を裏書譲渡して支払った。

解 答 欄

合計残高試算表
平成×年 4 月30日　　　　　　　（単位：円）

借　　方		勘　定　科　目	貸　　方	
残　高	合　計		合　計	残　高
		現　　　　　　　金		
		当　座　預　金		
		受　取　手　形		
		完 成 工 事 未 収 入 金		
		材　　　　　料		
		車　両　運　搬　具		
		工　事　未　払　金		
		借　　入　　金		
		未 成 工 事 受 入 金		
		資　　本　　金		
		完　成　工　事　高		
		材　　料　　費		
		労　　務　　費		
		外　　注　　費		
		経　　　　　費		
		販売費及び一般管理費		
		支　払　利　息		

解 答

合計残高試算表

平成×年4月30日 　　　　　　　　　　　　　　　　　　　(単位：円)

借　　方		勘 定 科 目	貸　　方	
残　高	合　計		合　計	残　高
285,000	510,000	現　　　　　　　金	225,000	
373,000	830,000	当 座 預 金	457,000	
332,000	612,000	受 取 手 形	280,000	
232,000	1,250,000	完 成 工 事 未 収 入 金	1,018,000	
62,000	228,000	材　　　　　　　料	166,000	
300,000	300,000	車 両 運 搬 具		
	473,000	工 事 未 払 金	568,000	95,000
	80,000	借 入 金	200,000	120,000
	150,000	未 成 工 事 受 入 金	220,000	70,000
		資 本 金	1,000,000	1,000,000
		完 成 工 事 高	950,000	950,000
204,000	204,000	材 料 費		
126,000	126,000	労 務 費		
76,000	76,000	外 注 費		
53,000	53,000	経 費		
181,000	181,000	販売費及び一般管理費		
11,000	11,000	支 払 利 息		
2,235,000	5,084,000		5,084,000	2,235,000

25日	(借)	労 務 費	45,000	(貸)	現　　　　　　金	45,000
26日	(借)	現　　　　金	60,000	(貸)	完成工事未収入金	60,000
27日	(借)	販売費及び一般管理費	55,000	(貸)	当 座 預 金	55,000
28日	(借)	借 入 金	50,000	(貸)	当 座 預 金	52,000
		支 払 利 息	2,000			
29日	(借)	受 取 手 形	48,000	(貸)	完成工事未収入金	48,000
30日	(借)	工 事 未 払 金	60,000	(貸)	受 取 手 形	60,000

Chapter 8

決　算

　会計期間の末日に,帳簿をもとに財務諸表を作成するまでの一連の手続を決算手続といいます。決算手続にはいくつかの段階がありますが,中でも,決算整理仕訳と決算振替仕訳が重要です。じっくりと取り組んでみてください。

　また,決算手続においては,当期損益をいち早く計算するために精算表が作成されます。この精算表作成は試験対策の上でも大変重要なポイントの1つとなっています。ここで,その作成要領を完璧にマスターしてください。

決算手続の流れ

はじめに ■ あなたが東京工務店に入社して，そろそろ１年が経ちます。会社では決算を迎える時期になりました。経理主任からも「これからは忙しくなるぞ」と言われ，決算を初めて迎えるあなたとしては，慌てないよう準備をしなければなりません。そこで，とりあえず，決算手続の流れを確認することにしました。

●●

決算とは

　　　ある会計期間(事業年度)の最後の日(決算日)にその**年度の経営成績を明らかにする**ために当期純損益を計算し，**決算日の財政状態を明らかにするために資産・負債・資本(純資産)の残高を計算する**手続を**決算**といいます。その結果は損益計算書や貸借対照表によって明らかにされます。

決算手続の流れ

　　　決算には次の３つの手続があります。

決算予備手続 ● 決算手続の準備段階を決算予備手続といいます。

　　　この手続においては**試算表**の作成が特に重要です。試算表を作成することにより，その会計期間における経営成績と決算時における財政状態の概要が明らかになり，総勘定元帳の検証にもなるからです。

　　　また，この段階で精算表を作成することがあります。

決算本手続 ● **当期純損益の算定**および**帳簿の締切手続**など，決算手続の中で一番重要な手続です。

　　　イ：決算整理事項を処理します[01]。

　　　ロ：決算振替記入…**収益・費用の諸勘定を損益勘定に集め，当期純損益を算定して**締め切ります。次に**資産・負債・資本(純資産)の諸勘定を残高勘定に集め，次期に繰り越します。**

　　　ハ：各帳簿の締切りを行います[02]。

01)具体的な内容はSection 2を参照してください。
02)仕訳帳，総勘定元帳のほか，すべての帳簿を締め切ります。

決算報告手続 ● 決算の結果を，**損益計算書と貸借対照表によって外部に報告**するための手続です。

　　　イ：損益勘定から損益計算書を作成します。

　　　ロ：残高勘定から貸借対照表を作成します。

try it | **例題** | 決算手続の流れ

Q 次の文章の空欄に適当な語句をうめて完成しなさい。

(1) 決算日にその会計期間の（　ア　）を明らかにするために当期純損益を計算し，決算日の（　イ　）を明らかにするために資産・負債・資本(純資産)の残高を計算する手続を（　ウ　）といい，その結果は損益計算書や（　エ　）によって明らかにされる。

(2) 決算の手続には，決算（　オ　）手続・決算（　カ　）手続・決算（　キ　）手続の3つがある。

解答欄

ア		イ		ウ		エ	
オ		カ		キ			

解答

ア	経営成績	イ	財政状態	ウ	決算	エ	貸借対照表
オ	予備	カ	本	キ	報告		

決算整理事項

はじめに ■ 東京工務店では期中に有価証券￥100,000を購入し，（借）有価証券100,000（貸）現金100,000と処理しました。また当期の初めにオフィスの家賃2年分￥600,000を支払い，（借）支払家賃600,000（貸）現金600,000と処理しました。

決算日にあなたが確認すると，有価証券の時価は￥70,000に下がっているし，オフィスの家賃のうち当期分は半分の￥300,000だけのようです。もちろん期中の処理に間違いはありません。しかし，決算日である今日の状況と帳簿に記録された状況とは異なります。それではどのような修正が必要になるのでしょうか？

● ●

決算整理事項とは

決算整理事項とはその会計期間において記録された各勘定口座の残高が，その会計期間に対応する損益および決算日現在の正しい財政状態を示すように，各勘定口座の金額に修正を加える一連の処理です。

その主なものは以下のとおりです。

イ：完成工事原価の計算
ロ：貸倒引当金の設定
ハ：減価償却費の計上
ニ：有価証券の評価替え
ホ：費用・収益の見越し・繰延べ

これまでに学習した決算整理事項

すでに学習している決算整理事項について，復習のため確認することにしましょう。

有形固定資産の減価償却 ● 本日決算につき，当年度期首に取得した本社建物について定額法によって減価償却を行う。なお取得原価は￥500,000，残存価額は取得原価の1割，耐用年数は10年であり，間接控除法により記帳する。

*1
$$\frac{¥500,000 - ¥50,000}{10年} = ¥45,000$$

| （借）減価償却費 | 45,000*1 | （貸）減価償却累計額 | 45,000 |

有価証券の評価替え ● 本日決算につき，手持ちの有価証券（大阪商事株式会社10株，取得原価@￥65,000）の相場が@￥60,000に下落したので，評価損を計上する。

*2
（￥65,000-￥60,000）×10株
= ￥50,000

| （借）有価証券評価損 | 50,000*2 | （貸）有価証券 | 50,000 |

現金過不足勘定の整理 ● 本日決算につき，現金過不足勘定の借方残高 ¥1,800を雑損失勘定に振り替えた。

| （借）雑　損　失 | 1,800 | （貸）現 金 過 不 足 | 1,800 |

資本の引出し ● 事業主が期中に店の現金 ¥15,000を私用で持ち出していたが，本日決算につき，資本金と相殺する。

| （借）資　本　金 | 15,000 | （貸）事 業 主 貸 勘 定 | 15,000 |

貸倒引当金

　得意先などの倒産によって，完成工事未収入金・受取手形などの債権が回収できなくなることを**貸倒れ**といい，決算にあたって貸倒れが発生しそうな場合には，これに備えて**貸倒引当金**が設定されます。

貸倒引当金の処理

決算時における
貸倒引当金の設定 ● ×1年12月31日（決算）に，A不動産の完成工事未収入金残高 ¥15,000の2％の貸倒れを見積もったときには，次のように処理します。

イ：債権が回収不能になることによる損害額を当期の費用にします（これは当期に売上を計上しており，これと関連のある費用が貸倒償却であると考えるからです）。そのため，**貸倒引当金繰入額勘定（費用の勘定）の借方に記入し**[01]，処理します。

ロ：本来であれば完成工事未収入金・受取手形を減らすところですが，実際の貸倒れではないため，**完成工事未収入金勘定の代わりに貸倒引当金勘定の貸方に記入し**，処理します。

| （借）貸倒引当金繰入額 | 300* | （貸）貸 倒 引 当 金 | 300 |

01）建設業簿記では貸倒引当金繰入額勘定の代わりに，営業費用を総括する販売費及び一般管理費勘定に含めて処理する場合が多いようです。

＊　¥15,000×2％＝¥300

貸倒れが発生した時 ● ×2年1月20日（次期）にA不動産が倒産し，完成工事未収入金 ¥250が回収できなくなったときは，**完成工事未収入金を減らすとともに，貸倒引当金も減らします。**

| （借）貸 倒 引 当 金 | 250 | （貸）完 成 工 事 未 収 入 金 | 250 |

02）仮に¥400が貸倒れたときには次の仕訳になります。
(借)貸倒引当金 300
　　貸 倒 損 失 100
　／(貸)完成工事未収入金 400

　なお，貸倒額が設定していた貸倒引当金の残高を**超える**場合には，その差額は貸倒償却（貸倒損失）として処理します[02]。

差額補充法による処理 ● 決算日に貸倒れを見積もる際に，**貸倒引当金勘定の残高があるときには，差額補充法によって貸倒引当金を設定します**[03]。

03）差額補充法の他に洗替法がありますが，洗替法は3級の試験では出題されていません。

貸倒引当金残高￥50に対して貸倒見積額が￥200のときは，**両者の差額￥150を貸倒引当金繰入額勘定に計上し，貸倒引当金が￥200になるように調整します。

（借）貸倒引当金繰入額	150	（貸）貸倒引当金	150

完成工事原価の算定

04）建設業経理事務士3級の試験ではこの方法によっています。

請負工事にかかわる個々の工事原価は，工事台帳等の補助簿にそのつど記録されますが，**1会計期間における工事原価の総額（完成工事原価）は決算日において一括して計算する**こともあります[04]。

ここでは，このような場合における完成工事原価の計算方法について説明します。

完成工事原価算定のための処理

材料費，労務費，外注費，経費の振替え ● 当期における各原価費目の消費額が次のとおりであるとします。

材　料　費		外　注　費	
5,000		1,200	

労　務　費		経　　　費	
2,000		1,800	

まず，当期に発生した，材料費・労務費・外注費・経費の消費額を**未成工事支出金勘定**に振り替えます。

（借）未成工事支出金	10,000	（貸）材　料　費	5,000
		労　務　費	2,000
		外　注　費	1,200
		経　　　費	1,800

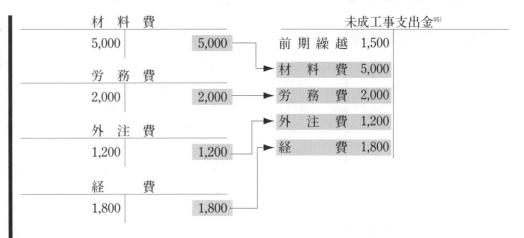

05) 未成工事支出金勘定の前期繰越額は期首に存在する未完成工事原価の金額を意味します。

完成工事原価の振替え ● 次に当期末における**未完成工事原価**を計算し[06]，その金額を**未成工事支出金勘定の残高**から差し引き，完成工事原価を計算します。

06) これは工事台帳または原価計算表より計算します。

$$完成工事原価＝\begin{array}{c}前期末における\\未完成工事原価\end{array}＋当期発生原価－\begin{array}{c}当期末における\\未完成工事原価\end{array}$$

例えば，当期末における未完成工事原価が ¥2,500であるとすると，完成工事原価は ¥9,000（¥1,500＋¥10,000－ ¥2,500）と計算されます。

そして，その金額を未成工事支出金勘定から，**完成工事原価勘定**へ振り替えます。

（借）完 成 工 事 原 価　　9,000　　（貸）未 成 工 事 支 出 金　　9,000

未成工事支出金		
前期繰越 1,500	差額： 9,000 →	完成工事原価
材 料 費 5,000		未成工事支出金 9,000
労 務 費 2,000	残高：2,500	
外 注 費 1,200	‖	
経 費 1,800	未完成工事原価	

費用・収益の見越し

費用の見越しとは ● 例えば，あなたの会社（決算日は12月31日）では，当期の11月 1 日に現金 ¥100,000を借入期間 1 年，年利 6 ％，利払日は10月31日の条件で借り入れていたとします。このような場合，この借入れに対応する当期分の支払利息が **¥1,000* 発生しているの**ですが，実際に利息を支払ったわけではないので支払利息が計上されていません。これでは費用の過小計上となってしまいます。

> * ¥100,000×6%× $\dfrac{2 \text{カ月}}{12 \text{カ月}}$
> ＝¥1,000

　そこで，このような場合には，**支払利息を当期の費用として計上する処理**が必要となります。この処理が「費用の見越し」です。

費用の見越しの処理 ● イ：当期にかかわる 2 カ月分の支払利息の金額（¥1,000）を計算し，**支払利息勘定の**
増加として処理します。

ロ：しかし，現実に利息を支払ったわけではないので，**未払利息勘定（負債の勘定）の**
貸方に記入し，処理します。

07）他に未払地代なども出題されています。

（借）支 払 利 息	1,000	（貸）未 払 利 息[07]	1,000

収益の見越し ● 費用だけでなく収益も見越し計上することがあります。この処理を具体例で考えてみましょう。

　例えば，あなたの会社には，×1 年11月 1 日にN銀行に預けた定期預金 ¥100,000（利率年1.2％，利息は契約から半年後払い）があり，本日（12月31日）決算を迎えたとします。

　この受取利息に対する処理は次のとおりです。

イ：当期にかかわる 2 カ月分の受取利息 ¥200*を**受取利息勘定の増加として処理します。**

> * ¥100,000×1.2%× $\dfrac{2 \text{カ月}}{12 \text{カ月}}$
> ＝¥200

ロ：しかし，現実に利息を受け取ったわけではないので，**未収利息勘定（資産の勘定）**
の借方に記入し，処理します。

08）他に未収手数料なども出題されています。

（借）未 収 利 息[08]	200	（貸）受 取 利 息	200

費用・収益の繰延べ

費用の繰延べとは ● 例えば，当期の12月1日に店舗の火災保険料1年分 ¥12,000を現金で支払ったとしましょう（なお，会計期間は12月31日を決算日とする1年）。**この場合，¥12,000を全額当期の費用とすれば費用の過大計上となってしまいます。**つまり，当期において保険サービスを受ける期間は12月の1カ月なのに対し，その支払額は1年分だからです。そこで，×1年12月1日に計上された保険料の ¥12,000から来年の保険料（×2年1月1日から11月30日までの11カ月分）を差し引いて，**当期分の保険料を ¥1,000に修正する処理**が必要となります。

このための処理を「費用の繰延べ」といいます。

費用の繰延べの処理 ● イ：来年の分の保険料11カ月分（×2年1月1日から11月30日までの分）を**支払保険料勘定から減らします**[09]。

ロ：来年の費用として処理するため，11カ月分 ¥11,000[10]を**前払保険料勘定（資産の勘定）の借方に振り替えます。**

09）建設業簿記では支払保険料勘定の代わりに販売費及び一般管理費勘定を用いることがあります。

* $¥12,000 × \dfrac{11カ月}{12カ月}$
$= ¥11,000$

10）他に前払地代なども出題されています。

（借）前 払 保 険 料[10]	11,000	（貸）支 払 保 険 料*	11,000

収益の繰延べ ● 費用だけでなく収益も繰り延べることがあります。この処理を具体例を挙げて考えてみることにしましょう。

例えば，当期の12月1日に受取利息（1年分）¥12,000を現金で受け取ったとします。この受取利息に対する処理は次のとおりです。

イ：受取利息 ¥12,000から，来年の分の利息11カ月分 ¥11,000*（×2年1月1日から11月30日までの分）を，**受取利息勘定から減らします。**

ロ：11カ月分を来年の収益として処理するため，**前受利息勘定（負債の勘定）の貸方に**振り替えます。

* $¥12,000 × \dfrac{11カ月}{12カ月}$
$= ¥11,000$

（借）受 取 利 息	11,000	（貸）前 受 利 息	11,000

try it

例題 決算整理事項

Q 次の決算整理仕訳を示しなさい。(決算日は12月31日とする)

残高試算表の一部

借　方	勘　定　科　目	貸　方
260,000	受　取　手　形	
505,000	完 成 工 事 未 収 入 金	
	貸　倒　引　当　金	8,500
200,000	有　価　証　券	

① 受取手形と完成工事未収入金の合計額に対して2%の貸倒引当金を設定する(差額補充法)。

② 有価証券の時価は￥185,000であり,評価損を計上する。

③ 減価償却を行う。

減価償却費:機械装置(工事現場用)　　￥81,000

備品(一般管理部門用)　　￥62,000

④ 販売費及び一般管理費の中には保険料が含まれている。

当社は当期の9月1日に火災保険に加入し,保険料1年分￥12,000を現金で支払っている。

解答欄

①				
②				
③				
④				

解　答

*1　(￥260,000＋￥505,000)
　　　×2%−￥8,500＝￥6,800

*2　￥12,000×$\dfrac{8ヵ月}{12ヵ月}$
　　　＝￥8,000

①	(借) 貸倒引当金繰入額	6,800*1	(貸) 貸 倒 引 当 金	6,800
②	(借) 有価証券評価損	15,000	(貸) 有 価 証 券	15,000
③	(借) 経　　　　費	81,000	(貸) 機械装置減価償却累計額	81,000
	販売費及び一般管理費	62,000	備品減価償却累計額	62,000
④	(借) 前 払 保 険 料	8,000*2	(貸) 販売費及び一般管理費	8,000

決算振替・帳簿の締切り

はじめに ■ 決算整理記入を行うと，当期の収益・費用が確定し当期に純利益が生じるのかどうか，決算のアウトラインが明らかになります。しかしこれで安心することはできません。肝心なのは帳簿の締切りだからです。締切りを行わないといつの記録なのかがわからなくなり，前期と当期とを混同してしまうからです。

Section 3 では帳簿の締切手続を学習しますが，この中では当期純損益を計算する決算振替記入が特に大切です。この決算振替記入はどのように行うのでしょうか。

決算振替記入とは

　帳簿上で当期純損益を算定するための手続および財政状態を把握するための手続を**決算振替記入**といい，帳簿を締め切るための前段階の手続として重要です。

　決算振替記入には①**大陸式**と②**英米式**の2つがありますが，ここでは大陸式による決算振替記入を主に学習します。

　大陸式による決算振替記入は次の順序で行います。

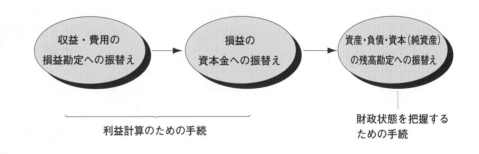

収益・費用の振替え ● 当期の収益・費用の勘定の諸勘定の残高が次のとおりであったとします。

完成工事原価			完成工事高	
5,000				12,000

給　料			受 取 利 息	
2,000				1,000

01)損益勘定は決算のときだけに用いる勘定です。

02)これらの仕訳を決算振替仕訳といいます。

(1) 収益の振替え

収益の諸勘定の残高を**損益勘定**[01] **の貸方**に振り替えるために次の仕訳[02]を行い，それを転記します。

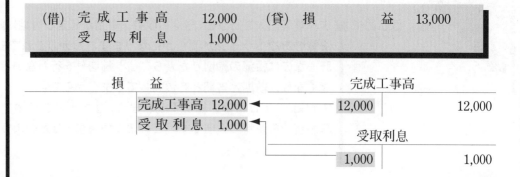

| (借) 完成工事高 | 12,000 | (貸) 損　　　益 | 13,000 |
| 受 取 利 息 | 1,000 | | |

損　益

| 完成工事高 | 12,000 |
| 受 取 利 息 | 1,000 |

完成工事高

| | 12,000 | 12,000 |

受取利息

| | 1,000 | 1,000 |

(2) 費用の振替え

費用の諸勘定の残高を**損益勘定の借方**に振り替えるために次の仕訳を行い，それを転記します。

| (借) 損　　　益 | 7,000 | (貸) 完 成 工 事 原 価 | 5,000 |
| | | 給　　　料 | 2,000 |

03)損益勘定への転記では相手科目をすべて記入します。「諸口」とすることはできません。

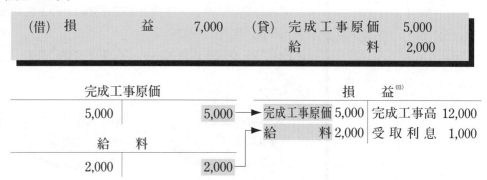

完成工事原価

| 5,000 | 5,000 |

給　料

| 2,000 | 2,000 |

損　益[03]

| 完成工事原価 5,000 | 完成工事高 12,000 |
| 給　　　料 2,000 | 受 取 利 息 1,000 |

損益の振替え ● 損益勘定の借方・貸方の差額として**当期純利益を計算**し，それを次の仕訳によって，**資本金勘定(資本の勘定)の貸方**に振り替えます。これは当期純利益によって会社の元手が増えたと考えるからです。なお，当期純利益は￥6,000と計算されます。

| (借) 損　　　益 | 6,000 | (貸) 資　本　金 | 6,000 |

資　本　金

| | ××× |
| 損　　　益 6,000 | |

損　益

完成工事原価 5,000	完成工事高 12,000
給　　　料 2,000	受 取 利 息 1,000
資　本　金 6,000	

なお，当期純損失が算定されたときには，その金額を資本金勘定の借方に振り替えます。

資産・負債・資本(純資産)の振替え ● 決算日における資産・負債・資本(純資産)の諸勘定の残高が次のとおりであったとします。

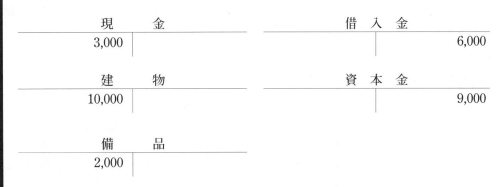

04) 残高勘定も損益勘定と同様、決算のときだけに用いる勘定です。

05) 残高勘定への転記では相手科目をすべて記入します。「諸口」とすることはできません。

(1) 資産の振替え

資産の諸勘定の残高を**残高勘定**[04] の借方に振り替えます。

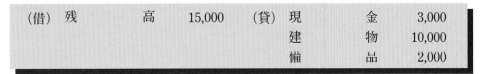

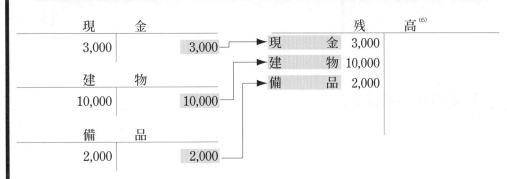

(2) 負債・資本(純資産)の振替え

負債，資本(純資産)の諸勘定の残高を**残高勘定の貸方**に振り替えます。

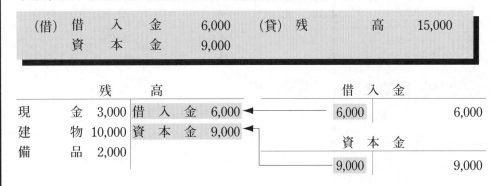

このように，資産・負債・資本(純資産)の諸勘定の残高は残高勘定にすべて振り替えられることになります。その結果，残高勘定はその決算日現在における会社の財政状態を示すことになります。資産，負債，資本(純資産)の各勘定の残高はこの残高勘定を通じて次期に繰り越されます。

英米式による決算振替記入

英米式による決算振替記入について簡単に見てみましょう。
(1) 収益・費用についての振替え…大陸式と同じです。
(2) 資産・負債・資本(純資産)項目についての処理…以下のような要領で，各勘定ごとに，「繰越記入」をします。なお，**残高勘定への振替えは行いません。**

資産の勘定				負債の勘定		
××	10,000	××	7,000	××	3,000	××	5,000
		次期繰越	3,000	次期繰越	2,000		
	10,000		10,000		5,000		5,000
前期繰越	3,000					前期繰越	2,000

資本(純資産)の勘定		
次期繰越	5,000	××	5,000
		前期繰越	5,000

勘定口座の締切記入

各勘定口座の借方と貸方の合計額を計算し，一致したら次の要領で締切記入を行います。
(例)

損	益			現	金	
完成工事原価	5,000	完成工事高	12,000	××	3,000	残 高	3,000
給 料	2,000	受取利息	1,000				
資 本 金	6,000		(06)				
	13,000		13,000				

06)勘定における貸借の行を合わせるため，余白部分には余白線を引きます。

〈参考〉開始仕訳と再振替仕訳

開始仕訳● 大陸式による決算振替記入を行うと，資産，負債，資本(純資産)の諸勘定の残高はすべて，残高勘定に振り替えられます。そこで，翌期首には，期首時点の資産，負債，資本(純資産)の金額をそれぞれの勘定に記入するための処理が必要となります。この処理を開始手続(開始仕訳)といいます。
なお，前述の例(P1-112参照)であれば，開始仕訳は次のようになります07)。

07)この開始仕訳を，資産の振替え，および負債，資本(純資産)の振替えの2つに分け，それぞれ「開始残高勘定を相手科目として，仕訳する場合もあります。

(借)	現		金	3,000	(貸)	借	入	金	6,000
	建		物	10,000		資	本	金	9,000
	備		品	2,000					

再振替仕訳 ● 前期の決算において計上された前払費用，未払費用および前受収益，未収収益[08] は，期首の日付をもって，再びもとの費用または収益の勘定にその金額を振り替えます[09]。この処理を**再振替仕訳**といいます。

08）この4つの項目をまとめて，「経過勘定項目」といいます。

09）決算における見越しと繰延べの処理と翌期首における再振替仕訳は1セットの処理と考えましょう。

例えば，前期の決算で前払保険料¥2,000が計上されたとすれば，再振替仕訳は次のようになります。

決 算 時	(借) 前 払 保 険 料	2,000	(貸) 支 払 保 険 料	2,000
再振替仕訳	(借) 支 払 保 険 料	2,000	(貸) 前 払 保 険 料	2,000

try it　**例題**　帳簿の締切手続き

以下の勘定記入に基づき，人陸式による帳簿の締切り（残高勘定は除く）を行いなさい。なお，決算日は12月31日である。

備 品		建 物	
80,000		750,000	

借 入 金		残 高	
	200,000		

解 答

備 品		建 物	
80,000	*12/31* 残 高 **80,000**	750,000	*12/31* 残 高 **750,000**
80,000	**80,000**	**750,000**	**750,000**

借 入 金		残 高	
12/31 残 高 **200,000**	200,000	*12/31* 備品 **80,000**	*12/31* 借入金 **200,000**
200,000	**200,000**	〃 建物 **750,000**	

なお，決算振替仕訳は次のとおりです。

(1)	(借)	残		高	**80,000**	(貸)	備		品	**80,000**
(2)	(借)	残		高	**750,000**	(貸)	建		物	**750,000**
(3)	(借)	借	入	金	**200,000**	(貸)	残		高	**200,000**

損益計算書・貸借対照表

はじめに ■ 財務諸表とは，会社の財政状態と経営成績を株主や銀行などに対して報告するための書類です。ここでは主要な財務諸表である貸借対照表と損益計算書の具体的な作成要領について学習します。その際に重視されるのは意外や"わかりやすさ"なのです。というのも，財務諸表は株主，銀行などの利害関係者の誰しもが，その内容を正しく把握できなくてはいけないからです。そのため，その作成には一定の決まりがあります。では，その決まりを見ていくことにしましょう。

損益計算書

　損益計算書とはあなたの会社の利害関係者に対し，一定期間における会社の**経営成績を報告するための書類**であり，損益勘定より作成されます。

　なお，損益計算書に費用として記載される完成工事原価についてはその内訳を示す**完成工事原価報告書**が別に添付されます。

01) 完成工事高は「営業収益」ともいわれます。

02) 完成工事原価，販売費及び一般管理費を総称して「営業費」ともいいます。

03) 営業外の損益です。

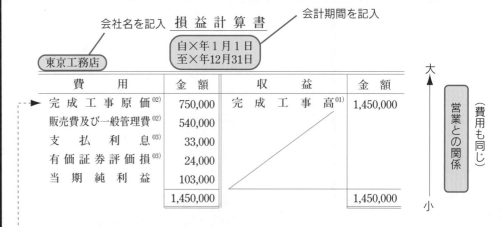

会社名を記入　損　益　計　算　書　会計期間を記入

東京工務店　自×年1月1日　至×年12月31日

費　用	金　額	収　益	金　額
完 成 工 事 原 価 [02]	750,000	完 成 工 事 高 [01]	1,450,000
販売費及び一般管理費 [02]	540,000		
支 払 利 息 [03]	33,000		
有 価 証 券 評 価 損 [03]	24,000		
当 期 純 利 益	103,000		
	1,450,000		1,450,000

営業との関係　大　小　（費用も同じ）

完成工事原価報告書

東京工務店　自×年1月1日　至×年12月31日

I	材 料 費		238,000
II	労 務 費		119,000
III	外 注 費		165,000
IV	経 費		228,000
	完 成 工 事 原 価		750,000

作成要領 ● ❶損益計算書は損益勘定より作成します。

❷損益計算書の借方には費用の内容を，貸方には収益の内容を記載します。なお，費用，収益ともに，**営業に関係するものから**順に記載されます。

❸貸借差額で当期純利益を計算します（損失の場合はその金額を貸方に記載します）。

貸借対照表

貸借対照表とはあなたの会社の利害関係者に対し，**会社の財政状態を報告する**ための書類です。**貸借対照表は残高勘定より作成されます。**

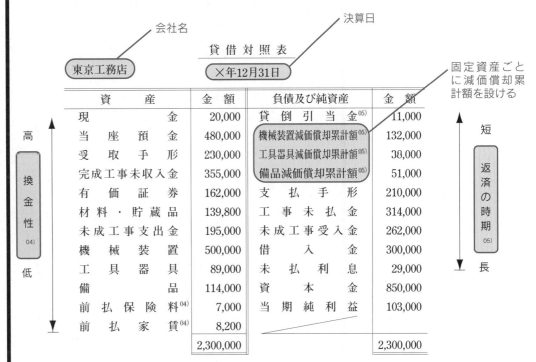

会社名　　決算日

固定資産ごとに減価償却累計額を設ける

東京工務店

貸 借 対 照 表
×年12月31日

資　　産	金　額	負債及び純資産	金　額
現　　　　　金	20,000	貸 倒 引 当 金 (05)	11,000
当 座 預 金	480,000	機械装置減価償却累計額 (05)	132,000
受 取 手 形	230,000	工具器具減価償却累計額 (05)	38,000
完成工事未収入金	355,000	備品減価償却累計額 (05)	51,000
有 価 証 券	162,000	支 払 手 形	210,000
材 料・貯 蔵 品	139,800	工 事 未 払 金	314,000
未成工事支出金	195,000	未成工事受入金	262,000
機 械 装 置	500,000	借 入 金	300,000
工 具 器 具	89,000	未 払 利 息	29,000
備　　　　　品	114,000	資 本 金	850,000
前 払 保 険 料 (04)	7,000	当 期 純 利 益	103,000
前 払 家 賃 (04)	8,200		
	2,300,000		2,300,000

高 ← 換金性 (04) → 低

短 ← 返済の時期 (05) → 長

04) 前払保険料および前払家賃は，流通市場もなく，換金を目的としたものでもないので，換金性は低いとされます。

05) 貸倒引当金および減価償却累計額には返済義務がありません。

作成要領 ● ❶貸借対照表は残高勘定より作成します。

❷貸借対照表の借方には資産の内容を，貸方には負債および資本（純資産）の内容を記入します。なお，資産の内容は，換金性の大きい項目から順に記載し，負債は返済時期の短い項目から順に記載されます(06)。

❸貸倒引当金および減価償却累計額は資産の控除項目として借方側に記載することもあります。

❹資本（純資産）については，期首資本金と当期純利益を区別して記載します。

06) この方法を流動性配列法といいます。

try it

例題 損益計算書と貸借対照表

Q 次に掲げた中野工務店の残高試算表に基づいて，貸借対照表と損益計算書を完成しなさい。
ただし，会計期間は1年である（工事に関する諸支出はすべて完成工事原価勘定へ振り替える）。

残 高 試 算 表
×7年12月31日
(単位：円)

借 方 残 高	勘 定 科 目	貸 方 残 高
1,137,000	現　　　　　金	
100,000	当 座 預 金	
20,000	備　　　　　品	
300,000	土　　　　　地	
	借 入 金	500,000
	資 本 金	1,000,000
	完 成 工 事 高	1,120,000
100,000	材 料 費	
60,000	労 務 費	
700,000	外 注 費	
140,000	経 費	
50,000	給 料	
10,000	支 払 家 賃	
3,000	支 払 利 息	
2,620,000		2,620,000

解答欄

貸 借 対 照 表
中野工務店　　　　　×7年12月31日　　　　　(単位：円)

資 産	金 額	負債及び純資産	金 額
(　　　　　)	(　　　　　)	(　　　　　)	(　　　　　)
(　　　　　)	(　　　　　)	(　　　　　)	(　　　　　)
(　　　　　)	(　　　　　)	(　　　　　)	(　　　　　)
(　　　　　)	(　　　　　)		
	(　　　　　)		(　　　　　)

損 益 計 算 書

中野工務店　　　　　自×7年1月1日至7年12月31日　　　　（単位：円）

費　　用	金　　額	収　　益	金　　額
（　　　　　）	（　　　　　）	（　　　　　）	（　　　　　）
（　　　　　）	（　　　　　）		
（　　　　　）	（　　　　　）		
（　　　　　）	（　　　　　）		
（　　　　　）	（　　　　　）		
	（　　　　　）		（　　　　　）

解 答

貸 借 対 照 表

中野工務店　　　　　　×7年12月31日　　　　（単位：円）

資　　産	金　　額	負債及び純資産	金　　額
現　　　金	1,137,000	借　入　金	500,000
当 座 預 金	100,000	資　本　金	1,000,000
備　　　品	20,000	当 期 純 利 益	57,000
土　　　地	300,000		
	1,557,000		1,557,000

損 益 計 算 書

中野工務店　　　　　自×7年1月1日至7年12月31日　　　　（単位：円）

費　　用	金　　額	収　　益	金　　額
完 成 工 事 原 価	1,000,000*	完 成 工 事 高	1,120,000
給　　　料	50,000		
支 払 家 賃	10,000		
支 払 利 息	3,000		
当 期 純 利 益	57,000		
	1,120,000		1,120,000

*　¥100,000＋¥60,000
＋¥700,000＋¥140,000
＝¥1,000,000

精算表

❶残高試算表欄
決算を行う直前の元帳の
諸勘定の残高を記入する。

はじめに ■ 決算を迎えて間もないある日，あなたは経理主任から1冊のファイルを受け取り，精算表を作成するよう指示を受けました。何でも，この精算表により，決算のアウトラインをつかむことができると同時に，当期純利益の算定も可能だとのことです。
あなたは精算表の作成にとりかかることにしました。

●●●●●●●●●●●●●●●●●●●●●●●●●●

精算表とは

　残高試算表と決算整理事項とから，損益計算書と貸借対照表を作成するプロセスを一覧表の形で示したものを精算表といい，決算手続のアウトラインを知るために作成されます。

勘 定 科 目	残高試算表 借方	残高試算表 貸方
現　　　　金	195,000	
現 金 過 不 足	1,500	
当 座 預 金	378,000	
受 取 手 形	288,000	
完成工事未収入金	432,000	
貸 倒 引 当 金		10,400
有 価 証 券	312,000	
未成工事支出金	168,000	
材　　　　料	75,700	
機 械 装 置	960,000	
機械装置減価償却累計額		288,000
備　　　　品	240,000	
備品減価償却累計額		108,000
支 払 手 形		222,000
工 事 未 払 金		372,000
借 　 入 　 金		240,000
未成工事受入金		150,000
資 　 本 　 金		1,200,000
完 成 工 事 高		3,978,000
受 取 手 数 料		31,600
材 　 料 　 費	1,140,000	
労 　 務 　 費	756,000	
外 　 注 　 費	672,000	
経 　 　 　 費	381,000	
販 売 費 及 び 一 般 管 理 費	568,000	
支 払 利 息	26,000	
雑 　 損 　 失	6,800	
	6,600,000	6,600,000
完 成 工 事 原 価		
有価証券評価損		
前 払 保 険 料		
未 払 利 息		
当 期 純 利 益		

❺営業費用を一括して
販売費及び一般管理費
としています。

❷決算整理記入欄
決算整理仕訳（減価償却・貸倒れの見積り等）を記入する。

❸損益計算書欄
収益・費用の各科目を集めて作成される。

❹貸借対照表欄
資産・負債・資本（純資産）の各科目を集めて作成される。

精　算　表

（単位：円）

整理記入 借方	整理記入 貸方	損益計算書 借方	損益計算書 貸方	貸借対照表 借方	貸借対照表 貸方
				195,000	
	1,500				
				378,000	
				288,000	
				432,000	
	4,000				14,400
	12,000			300,000	
3,021,000	2,860,000			329,000	
				75,700	
				960,000	
	72,000				360,000
				240,000	
	36,000				144,000
					222,000
					372,000
					240,000
					150,000
					1,200,000
			3,978,000		
			31,600		
	1,140,000				
	756,000				
	672,000				
72,000	453,000				
4,000	2,000	606,000			
36,000					
4,600		30,600			
1,500		8,300			
2,860,000		2,860,000			
12,000		12,000			
2,000				2,000	
	4,600				4,600
6,013,100	6,013,100				
		492,700			492,700
		4,009,600	4,009,600	3,199,700	3,199,700

▼概略

❶まず残高試算表欄に，決算整理を行う前の元帳の諸勘定残高を記入する。

❷次に整理記入欄に決算整理仕訳を行って，決算整理前の元帳の諸勘定残高を修正する。

❸決算整理後の費用・収益の諸勘定の残高を損益計算書欄にうつし，当期純利益を算定する。

❹決算整理後の資産・負債・資本（純資産）の諸勘定の残高を貸借対照表にうつし，当期純利益を算定し，損益計算書欄で計算した利益と一致するかどうか確認する。

決算整理事項の記入

　では，ある決算における決算整理事項が次のとおりだとして，これを次ページの精算表に記入してみましょう。

　■決算整理事項■

(1) 受取手形と完成工事未収入金の合計額に対して2％の貸倒引当金を設定する(差額補充法)。

(2) 有価証券の時価は¥300,000である。評価損を計上する。

(3) 減価償却費：機械装置(工事現場用) ¥72,000，備品(一般管理部門用) ¥36,000

(4) 未成工事支出金の期末残高は¥329,000である。

(5) 販売費及び一般管理費のなかには，保険料の前払分 ¥2,000が含まれている。また利息の未払分 ¥4,600がある。

(6) 現金過不足の借方残高 ¥1,500を雑損失勘定に振り替える。

(1)貸倒引当金の設定 ● 貸倒引当金の繰入額を計算します[01]。

(¥288,000＋¥432,000) ×2％－¥10,400＝¥4,000

01)受取手形，完成工事未収入金，貸倒引当金勘定の残高は残高試算表欄から探します。

| (借) | 販売費及び一般管理費 | 4,000 | (貸) | 貸 倒 引 当 金 | 4,000 | …………Ⓐ |

(2)有価証券の評価替え ● 有価証券評価損の金額を計算します[02]。

¥312,000－¥300,000＝¥12,000

02)有価証券の簿価は残高試算表欄より探します。

| (借) | 有価証券評価損 | 12,000 | (貸) | 有 価 証 券 | 12,000 | …………Ⓑ |

(3)減価償却 ●

| (借) | 経　　　　費[03] | 72,000 | (貸) | 機械装置減価償却累計額 | 72,000 | …………Ⓒ |
| (借) | 販売費及び一般管理費 | 36,000 | (貸) | 備品減価償却累計額 | 36,000 | …………Ⓓ |

03)機械装置の減価償却費は工事に直接かかわる費用であるため経費とします。

(4)完成工事原価の計算 ● ①各費目の消費額を未成工事支出金勘定に振り替えます。

04)減価償却費の分を忘れずに。
(¥381,000＋¥72,000＝¥453,000)

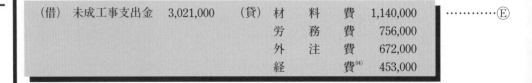

(借)	未成工事支出金	3,021,000	(貸)	材　　料　　費	1,140,000	…………Ⓔ
				労　　務　　費	756,000	
				外　　注　　費	672,000	
				経　　　　費[04]	453,000	

②未成工事支出金の金額から未完成工事原価（¥329,000）を差し引き，完成工事原価を計算します。そして，その金額を完成工事原価に振り替えます。

完成工事原価＝¥168,000＋¥3,021,000－¥329,000＝¥2,860,000

| （借） 完 成 工 事 原 価 2,860,000 | （貸） 未成工事支出金 2,860,000 | …………Ⓕ |

(5)費用・収益の見越し・繰延べ

| （借） 前 払 保 険 料 2,000 | （貸） 販売費及び一般管理費 2,000 | …………Ⓖ |
| （借） 支 払 利 息 4,600 | （貸） 未 払 利 息 4,600 | …………Ⓗ |

(6)現金過不足の整理

| （借） 雑 損 失 1,500 | （貸） 現 金 過 不 足 1,500 | …………Ⓘ |

精 算 表

勘 定 科 目	残高試算表 借 方	残高試算表 貸 方	整理記入 借 方	整理記入 貸 方		
現　　　　金	195,000					
現 金 過 不 足	1,500			Ⓘ　1,500		
当 座 預 金	378,000					
受 取 手 形	288,000					
完成工事未収入金	432,000					
貸 倒 引 当 金		10,400		Ⓐ　4,000		
有 価 証 券	312,000			Ⓑ　12,000		
未成工事支出金	168,000		Ⓔ　3,021,000	Ⓕ　2,860,000		
材　　　　料	75,700					
機 械 装 置	960,000					
機械装置減価償却累計額		288,000		Ⓒ　72,000		
備　　　　品	240,000					
備品減価償却累計額		108,000		Ⓓ　36,000		
支 払 手 形		222,000				
工 事 未 払 金		372,000				
借 入 金		240,000				
未成工事受入金		150,000				
資 本 金		1,200,000				
完 成 工 事 高		3,978,000				
受 取 手 数 料		31,600				
材 料 費	1,140,000			Ⓔ　1,140,000		
労 務 費	756,000			Ⓔ　756,000		
外 注 費	672,000			Ⓔ　672,000		
経 費	381,000		Ⓒ　72,000	Ⓔ　453,000		
販 売 費 及 び 一 般 管 理 費	568,000		Ⓐ　4,000 / Ⓓ　36,000	Ⓖ　2,000		
支 払 利 息	26,000		Ⓗ　4,600			
雑 損 失	6,800		Ⓘ　1,500			
	6,600,000	6,600,000				
完 成 工 事 原 価			Ⓕ　2,860,000			
有価証券評価損			Ⓑ　12,000			
前 払 保 険 料			Ⓖ　2,000			
未 払 利 息				Ⓗ　4,600		
			6,013,100	6,013,100		
当 期 純 利 益						

精算表の完成

(1)　整理記入欄に決算整理仕訳を記入したら，次に，残高試算表の金額と整理記入の金額をもとに，**各勘定科目の決算整理後の残高を計算**します。

　　例えば，貸倒引当金であれば，次のようになります。

$$¥10,400＋¥4,000＝¥14,400$$

　　現金であれば，整理記入に金額がないことから，残高試算表の金額 ¥195,000 が(そのまま)決算整理後の残高となります。

(2)　次に各勘定科目の決算整理後の残高を勘定科目の5要素の性格に応じて**損益計算書欄または貸借対照表欄に移記**します。

(3)　最後に損益計算書欄および貸借対照表欄でそれぞれ**当期純利益を計算**し，精算表を締め切ります。

勘 定 科 目	残高試算表	
	借 方	貸 方
現　　　　　金	195,000	----------
現 金 過 不 足	1,500	
当 座 預 金	378,000	
受 取 手 形	288,000	
完成工事未収入金	432,000	
貸 倒 引 当 金		10,400 -----
有 価 証 券	312,000	
未成工事支出金	168,000	
材　　　　　料	75,700	
機 械 装 置	960,000	
機械装置減価償却累計額		288,000
備　　　　　品	240,000	
備品減価償却累計額		108,000
支 払 手 形		222,000
工 事 未 払 金		372,000
借　 入　 金		240,000
未成工事受入金		150,000
資　　本　　金		1,200,000
完 成 工 事 高		3,978,000
受 取 手 数 料		31,600
材　 料　 費	1,140,000	
労　 務　 費	756,000	
外　 注　 費	672,000	
経　　　　　費	381,000	
販 売 費 及 び 一 般 管 理 費	568,000	
支 払 利 息	26,000	
雑　 損　 失	6,800	
	6,600,000	6,600,000
完 成 工 事 原 価		
有価証券評価損		
前 払 保 険 料		
未 払 利 息		
当 期 純 利 益	----------	

精 算 表

(単位：円)

整 理 記 入 借 方	整 理 記 入 貸 方	損益計算書 借 方	損益計算書 貸 方	貸借対照表 借 方	貸借対照表 貸 方
				▶ 195,000	
	(−) 1,500				
				378,000	
				288,000	
				432,000	
▶	(+) 4,000				▶ 14,400
	(−) 12,000			300,000	
(+)3,021,000	(−)2,860,000			329,000	
				75,700	
				960,000	
	(+) 72,000				360,000
				240,000	
	(+) 36,000				144,000
					222,000
					372,000
					240,000
					150,000
					1,200,000
			3,978,000		
			31,600		
	(−)1,140,000				
	(−) 756,000				
	(−) 672,000				
(+) 72,000	(−) 453,000				
(+) 4,000	(−) 2,000	606,000			
(+) 36,000					
(+) 4,600		30,600			
(+) 1,500		8,300			
2,860,000		2,860,000			
12,000		12,000			
2,000				2,000	
	4,600				4,600
6,013,100	6,013,100				
		492,700			492,700
		4,009,600	4,009,600	3,199,700	3,199,700

▼注意

(1) 借方残となる資産と費用の勘定は修正記入欄の借方をプラス，貸方をマイナスします。

貸方残となる負債・資本(純資産)・収益の勘定は修正記入欄の貸方をプラス，借方をマイナスします。

(2) 決算整理後の各勘定科目の残高を正しくP/L，B/S欄に移記します。

① 資　　　　産：B/S欄の借方へ
② 負　　　　債：B/S欄の貸方へ
③ 資本(純資産)：B/S欄の貸方へ
④ 収　　　　益：P/L欄の貸方へ
⑤ 費　　　　用：P/L欄の借方へ

※特に経過勘定項目は誤記入しやすいので注意。

前払費用，未収収益……資産→B/S欄の借方へ
未払費用，前受収益……負債→B/S欄の貸方へ

(3) 損益計算書欄，貸借対照表欄で計算される当期純利益の金額は必ず一致します（金額は貸借逆に入ります）。

try it 例題 精算表

Q 次の決算整理事項に基づいて，精算表を完成させなさい。

〈決算整理事項〉

(1) 受取手形と完成工事未収入金の合計額に対し，2％の貸倒引当金を設定する（差額補充法）。

(2) 備品（管理部門用）の減価償却費 ¥36,000を計上する。

(3) 期末における未完成工事原価は ¥481,000である。

(4) 販売費及び一般管理費の内，¥8,000は保険料の前払分である。

(5) 利息の未払額 ¥5,000を計上する。

解答欄

精 算 表

平成×年12月31日

勘 定 科 目	試 算 表		修 正 記 入		損益計算書		貸借対照表	
	借 方	貸 方	借 方	貸 方	借 方	貸 方	借 方	貸 方
現 金	359,000							
受 取 手 形	636,000							
完成工事未収入金	980,000							
備 品	200,000							
工 事 未 払 金		520,000						
借 入 金		353,000						
貸 倒 引 当 金		22,000						
備品減価償却累計額		72,000						
資 本 金		1,000,000						
完 成 工 事 高		3,000,000						
受 取 利 息		25,000						
材 料 費	810,000							
労 務 費	463,000							
外 注 費	828,000							
経 費	330,000							
販売費及び一般管理費	347,000							
支 払 利 息	39,000							
	4,992,000	4,992,000						
未成工事支出金								
完 成 工 事 原 価								
前 払 保 険 料								
未 払 利 息								
計								
当 期 純（　）								
合 計								

精 算 表
平成×年12月31日

勘 定 科 目	試算表 借方	試算表 貸方	修正記入 借方	修正記入 貸方	損益計算書 借方	損益計算書 貸方	貸借対照表 借方	貸借対照表 貸方
現 金	359,000						359,000	
受 取 手 形	636,000						636,000	
完成工事未収入金	980,000						980,000	
備 品	200,000						200,000	
工 事 未 払 金		520,000						520,000
借 入 金		353,000						353,000
貸 倒 引 当 金		22,000		*1 10,320				32,320
備品減価償却累計額		72,000		36,000				108,000
資 本 金		1,000,000						1,000,000
完 成 工 事 高		3,000,000				3,000,000		
受 取 利 息		25,000				25,000		
材 料 費	810,000			810,000				
労 務 費	463,000			463,000				
外 注 費	828,000			828,000				
経 費	330,000			330,000				
販売費及び一般管理費	347,000		36,000 / 10,320	8,000	385,320			
支 払 利 息	39,000		5,000		44,000			
	4,992,000	4,992,000						
未成工事支出金			2,431,000	*2 1,950,000			481,000	
完 成 工 事 原 価			1,950,000		1,950,000			
前 払 保 険 料			8,000				8,000	
未 払 利 息				5,000				5,000
計			4,440,320	4,440,320	2,379,320	3,025,000	2,664,000	2,018,320
当期純（利益）					645,680			645,680
合 計					3,025,000	3,025,000	2,664,000	2,664,000

*1 （¥636,000＋¥980,000）
　　×2%－¥22,000＝¥10,320

*2 ¥2,431,000－¥481,000
　　＝¥1,950,000

(1)	（借）	販売費及び一般管理費	10,320	（貸）	貸 倒 引 当 金	10,320
(2)	（借）	販売費及び一般管理費	36,000	（貸）	備品減価償却累計額	36,000
(3)	（借）	未成工事支出金	2,431,000	（貸）	材 料 費	810,000
					労 務 費	463,000
					外 注 費	828,000
					経 費	330,000
	（借）	完 成 工 事 原 価	1,950,000	（貸）	未成工事支出金	1,950,000
(4)	（借）	前 払 保 険 料	8,000	（貸）	販売費及び一般管理費	8,000
(5)	（借）	支 払 利 息	5,000	（貸）	未 払 利 息	5,000

♥ ちょっと一息

～ 試験に出るところ ～

試験も間近になってくるとみなさんは「どこが試験に出るのだろうか?」と気になってきますね。そんな皆さんのために「試験に出るところ」についてお話しましょう。
話は、私の大学時代まで遡ります。
大学（龍谷大学）の同輩で、税務会計学研究会という簿記の勉強をするサークル（私も所属していた）の幹事長をやっていた、通称「とっつぁん」という人物がいました（今もいます）。

彼は三重県の出身で、高校時代はサッカーのゴールキーパー、身長は185センチ、色は浅黒く、がっちりした体格の、風貌といい、言動といい、行動といい、いかにも大物、という人物だった（今でもそうだが）。
お互いに税理士試験の勉強をしていて、試験間近になった時、突然彼はこんなことを言い出した。
「試験には俺の勉強したとこからしか出えへんし」
日々、試験には何が出るのだろうか、と汲々としていた私は、思わず耳を疑った。そして「何という傲慢なことをいうのだろう」と思いました。

しかし、よくよく話を聞いてみると、彼の考えはこうでした。
「どうせ、試験に何が出ても自分が勉強したところしか答えられない」それなら「あれが出たらどうしよう、これが出たらどうしよう」などと考えるより、"問題は自分が勉強したところから出題されるものだ"と決め込んで、それを少しずつ増やし、それが出れば確実に答えられるようにした方がよっぽど効率的にも、精神的にもいい。というものでした。

今思えば、受験において、この考え方はとても当を得たものです。
皆さんも、試験直前だからといって、決して焦らずに、出題されたときに確実に得点できる問題を着実に増やしていってください。
それが、合格への近道です。

Chapter 9

帳　簿

　　これまでいろいろな取引について仕訳をするための要領を見てきました。これらの仕訳は，すべて仕訳帳という帳簿に行われます。では，実際の仕訳帳はどのようになっているのでしょうか，その記入要領を確認します。

　　また，今日，コンピュータの発達にともなって伝票会計という制度が実務で多く見られます。ここでは，伝票会計の処理をマスターしてください。特に伝票会計の処理では，一部現金取引といわれる処理の理解が重要です。

仕訳帳と総勘定元帳

はじめに ■ 簿記上の取引を仕訳して勘定口座に転記する，ということはChapter 1で説明しましたね。ところで正式には仕訳は仕訳帳上で行われ，その結果は総勘定元帳の各勘定口座に転記されます。発生したすべての取引をもれなく記帳するという意味で，この2つは主要簿とよばれていますが，この2つの帳簿にはどのように記入するのでしょうか。

・・・・・・・・・・・・・・・・・・・・・・・・・・・・・・・・・・・・

仕訳帳

　すべての取引をその発生順（日付順）に記入する帳簿を仕訳帳といいます。仕訳帳には，**取引が発生順に記入**されているので，**営業活動を一覧できる**という特徴を持っています。

①「日付欄」といいます。　②「摘要欄」といいます。　④「元丁欄」といいます。　③「金額欄」といいます。

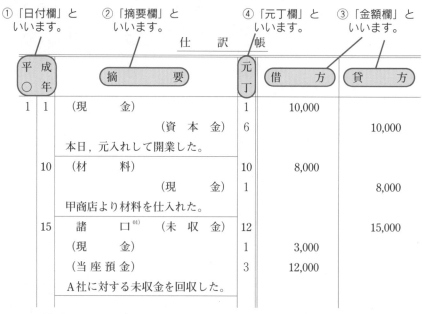

平成〇年		摘　　要		元丁	借　　方	貸　　方
1	1	（現　　金）		1	10,000	
			（資 本 金）	6		10,000
		本日，元入れして開業した。				
	10	（材　　料）		10	8,000	
			（現　　金）	1		8,000
		甲商店より材料を仕入れた。				
	15	諸　　口 [01]	（未 収 金）	12		15,000
		（現　　金）		1	3,000	
		（当 座 預 金）		3	12,000	
		A社に対する未収金を回収した。				

01）諸口は勘定科目ではないのでカッコをつけません。

❶**日付欄**…取引の発生した月日を記入します。
❷**摘要欄**…左半分に借方の勘定科目を，1行下げて，次の行の右半分に貸方の勘定科目を（　）をつけて記入します。また，上の1月15日の取引の記入のように，勘定科目が2つ以上になる場合,「諸口」と記入します。
　　　　　勘定科目を記入したら，次の行に取引の要旨（**小書き**という）を記入します。最後に，次の仕訳と区別するための**境界線（仕切線という）**を引きます。
❸**借方欄・貸方欄**…借方の勘定科目の金額を借方欄に，貸方の勘定科目の金額を貸方欄に，それぞれの勘定科目と同じ行に記入します。
❹**元丁欄**…仕訳帳から勘定口座に転記をしたときの**勘定口座の口座番号**を記入します。

総勘定元帳

企業の取引を記録するのに必要な，すべての勘定口座を集めた帳簿を**総勘定元帳**といいます。なお総勘定元帳の勘定口座の形式には，**標準式**と**残高式**の2つがあります。

標準式 ●

現　金　　　　1

平成 ○　年		摘　　　要	仕丁	借　　方	平成 ○　年		摘　　　要	仕丁	貸　　方
4	1	資　本　金	10	100,000	4	5	工事未払金	6	30,000

残高式 ●

現　金　　　　1

平成 ○　年		摘　　　要	仕丁	借　　方	貸　　方	借 または 貸	残　　高
4	1	資　本　金	10	100,000		借	100,000
	5	工事未払金	6		30,000	〃	70,000

〔総勘定元帳の記入方法〕

❶**日付欄**…仕訳帳に記入されている取引の日付を記入します。

❷**摘要欄**…仕訳の**相手勘定科目を記入**します。ただし，相手勘定科目が2つ以上ある時には「**諸口**」と記入します。

❸**仕丁欄**…その仕訳が記入されている仕訳帳のページ数を記入します。

❹**借方欄・貸方欄**…仕訳の借方金額を借方欄に，貸方金額を貸方欄に記入します。

❺**借または貸欄**…借方残高の場合は「借」，貸方残高の場合は「貸」と記入します。

仕訳帳と総勘定元帳との関係

仕訳帳から総勘定元帳への転記の例を示します。

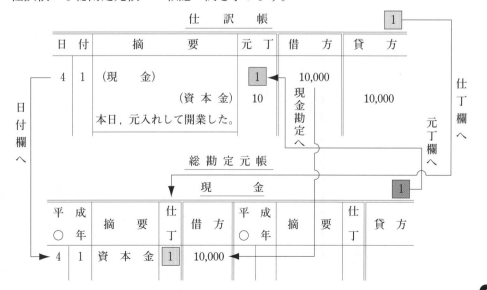

try it　例題　仕訳帳と総勘定元帳

Q

次の各取引を仕訳帳に記入し，総勘定元帳（現金勘定のみ）に転記しなさい。

2.4　岩手商店から材料 ¥220,000を仕入れ，代金のうち ¥90,000は現金で支払い，残額は工事未払金とした。

2.7　以前から請け負っていた工事が完成し，宮城商店に引き渡した。
　　　代金 ¥1,200,000のうち ¥450,000は現金で受け取り，直ちに当座預金に預け入れた。残額は翌月末に受け取ることとした。

2.11　東北銀行において約束手形 ¥410,000を割り引き，割引料 ¥8,200を差し引かれた手取額を当座預金に預け入れた。

2.15　現場作業員に対する賃金 ¥150,000を現金で支払った。
　　　現金勘定以下の元帳の丁数は以下のとおりである。
　　　当座預金2，完成工事未収入金3，受取手形5，工事未払金6，完成工事高7，材料8，労務費9，手形売却損10

解 答 欄

仕　訳　帳

2

平成○年	摘　　　　要	元丁	借　　方	貸　　方
	前ページから		1,244,000	1,244,000

現　　　金

1

平成○年	摘　要	仕丁	借　方	平成○年	摘　要	仕丁	貸　方
	前ページから		500,000		前ページから		180,000

解 答

仕 訳 帳   2

平成○年		摘　　　　　要	元丁	借　　方	貸　　方
		前ページから		1,244,000	1,244,000
2	4	（材　　　料）諸　　　口	8	220,000	
		（現　　　　金）	1		90,000
		（工 事 未 払 金）	6		130,000
	7	諸　　　口（完 成 工 事 高）	7		1,200,000
		（当 座 預 金）	2	450,000	
		（完成工事未収入金）	3	750,000	
	11	諸　　　口（受 取 手 形）	5		410,000
		（手 形 売 却 損）	10	8,200	
		（当 座 預 金）	2	401,800	
	15	（労　　務　　費）	9	150,000	
		（現　　　　金）	1		150,000

現 金   1

平成○年		摘　　要	仕丁	借　　方	平成○年		摘　　要	仕丁	貸　　方
		前ページから		500,000			前ページから		180,000
					2	4	材　　　料	2	90,000
						15	労　　務　　費	2	150,000

2 伝票会計

はじめに ■ 東京工務店では取引量が以前よりぐっと増えて，記帳にかかる手間も大きくなっています。この状況にあなたは少々閉口しています。というのも記帳作業を分担したいのですが，仕訳帳はひとつしかないので分担することができず，すべて１人で記入しているからです。これでは効率的な分業などおぼつきません。
このような状況を改善するためにはどのようにしたらよいのでしょうか。

● ●

伝票会計

このような場合には，仕訳帳の代わりに**伝票**を設けて取引を記入します。伝票はひとつの取引につきひとつ作成されるので，何人かで記帳作業を分担することができるからです。このように**伝票を仕訳帳の代わりに用いる帳簿の体系を特に伝票会計**といいます。なお伝票とは，その取引の内容を簡潔に明瞭にまとめた紙片のことです。

三伝票制による処理

ここでは**入金伝票**，**出金伝票**，**振替伝票**の３つの伝票によって取引を記録していく方式，いわゆる三伝票制について説明します。
まず，それぞれの伝票の役割を覚えましょう。

入金伝票 ● 入金取引について仕訳する伝票です。

01）入金伝票の借方科目は現金と決まっているためです。

貸方科目のみ記入01)

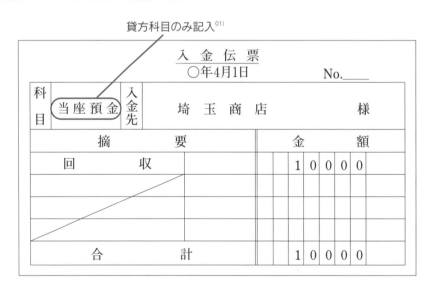

入　金　伝　票
○年4月1日　　　No.＿＿＿

科目	当座預金	入金先	埼 玉 商 店　　　　様	
摘　　　要			金　　額	
回　　収			1 0 0 0 0	
合　　　計			1 0 0 0 0	

出金伝票 ● 出金取引について仕訳する伝票です。

02）出金伝票の貸方科目は現金と
決まっているためです。

借方科目のみ記入[02]

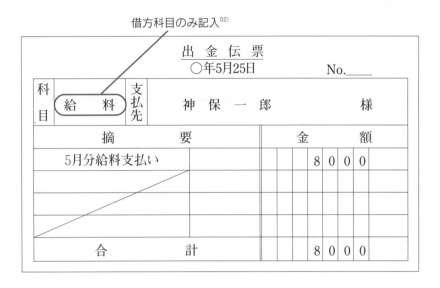

振替伝票 ● 入金・出金取引以外の**振替取引**について仕訳する伝票です[03]。

03）したがって，振替伝票におい
て，現金勘定が記入されることは
ありません。

金　額	借方科目	摘　要	貸方科目	金　額
2 0 0 0 0	材　料	千葉商店より	工事未払金	2 0 0 0 0
		S材料を仕入		
		100個，＠200円		
2 0 0 0 0		合　　計		2 0 0 0 0

振　替　伝　票
○年8月10日　　No.____

参　考 ● 以上をまとめると次のとおりです。

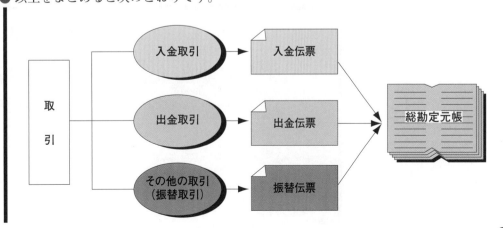

一部現金取引

例えば，次のような仕訳で示される取引はどのように伝票に記入するのでしょうか。

| （借）材　　　料 | 180,000 | （貸）現　　　　金 | 30,000 |
| | | 工 事 未 払 金 | 150,000 |

この取引は純粋な出金取引でも振替取引でもありませんから，このままでは出金伝票に記入するのか，振替伝票に記入するのかがはっきりしません。このような取引を一部現金取引と呼びます。一部現金取引の処理方法には次の2つの方法があります。

その1 ● 取引を2つに分割する方法

上記の取引を掛仕入 ¥150,000と現金仕入 ¥30,000に分け，掛仕入の部分については振替伝票に，現金仕入の部分については出金伝票に記入します。

| 出金伝票 | （借）材　　　料 | 30,000 | （貸）現　　　　金 | 30,000 |
| 振替伝票 | （借）材　　　料 | 150,000 | （貸）工 事 未 払 金 | 150,000 |

なお，上記取引は次のように2枚の伝票に分けて記入します。

出金伝票	振替伝票
材　　料　30,000	材　料　150,000　工事未払金　150,000

その2 ● 取引を擬制する方法

いったん ¥180,000すべてを掛仕入として振替伝票に記入し，その工事未払金のうち ¥30,000をすぐに現金で支払ったと考えて記入を行います。

| 振替伝票 | （借）材　　　料 | 180,000 | （貸）工 事 未 払 金 | 180,000 |
| 出金伝票 | （借）工 事 未 払 金 | 30,000 | （貸）現　　　　金 | 30,000 |

なお，上記の取引は次のように2枚の伝票に分けて記入します。

出金伝票	振替伝票
工 事 未 払 金　30,000	材　料　180,000　工事未払金　180,000

try it

例題 伝票会計

次の2枚の伝票(略式)は1つの取引から起票されたものである。平成×年3月10日の取引を推定して，その仕訳を示しなさい。

出　金　伝　票
平成×年3月10日
工 事 未 払 金　　50,000

振　替　伝　票	
平成×年3月10日	
材　　　　料　　200,000	工 事 未 払 金　　200,000

解答欄

3.10				

解　答

3.10	(借) 材　　　　料	*200,000*	(貸) 現　　　　金	*50,000*
			工 事 未 払 金	*150,000*

♥ ちょっと一息

～ 必然的な偶然 ～

実は、幸運にも合格した人は口を揃えてこう言います。
「いやー、たまたま前の日に見たところが出てねー」
「いやー、たまたま会場に行く途中に見たところが出てねー」
と、いかにも偶然に運が良かったかのように。

また逆に、実力はありながら惜しくも不合格となった人は口を揃えてこう言います。
「いやー、あそこでケアレスミスをしてしまって……」
と、あたかも偶然にミスしたかのように。

しかし、私から見るとそれは偶然ではなく必然です。
幸運にも合格した方も、前の日に勉強しなかったら、また試験会場に行く途中に勉
強しなかったら、その幸運は起こらなかったのです。
また、惜しくも不合格となった方に「そのミスをしたのは、その試験のときが初め
てでしたか？」と聞くと「いや、答案練習のときにも……」と返ってくる。ケアレ
スミスは、その人のもつ癖ですから、突然にはじまるものではないのです。

つまり、最後まで諦めなかった人が必然的に幸運を手にし、自分のことをよくわか
っていなかった人が、必然的にケアレスミスをして失敗するのです。
まず、この点を心しておきましょう。

そして最後には、自分の幸運を信じることです。愛情も友情も神も仏も、目に見え
ないものは信じた者にのみあるのですから。
あなたは絶対に運がいい。こうして、このコラムが読めたのだから。

第2部 パターン学習編
（解法のテクニックの習得）

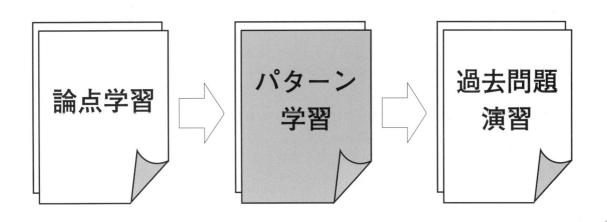

論点学習 ➡ パターン学習 ➡ 過去問題演習

　第2部では過去問題を用いたパターン学習を行います。パターン学習とは、解法のテクニックを習得するために過去問題をパターンごとに解く学習法です。
①問題ごとに、「解き方」が示されています。まずは一読してください。
② Let's try! で問題を解いてみてください。
③いまひとつ思うように解けなかった場合は、「解法のテクニック講義」を受けてください（『購入者特典　詳しくはVページ参照』でご覧いただけます）。
④最後に必ず解きなおしておきましょう。

第1問の出題傾向と解き方

1. 出題傾向

毎回、仕訳問題が5問出題され、配点は各4点で合計20点です。

出題傾向がはっきりしている問題なので、最低でも12点、できれば満点を狙いたい問題です。

---

1. 現金・預金

(1)簿記上の現金

・福井商事株式会社から株式配当金領収証 ¥5,000 を受け取った。

(借)現　　　　金　　5,000　(貸)受取配当金　　5,000

・手持ちの利付社債の利札のうち、¥5,500 について支払期日が到来した。

(借)現　　　　金　　5,500　(貸)有価証券利息　　5,500

(2)当座借越

・当社振出しの約束手形 ¥530,000 が支払期日につき当座預金より引き落とされた。ただし、当座預金の残高は ¥380,000 である。当社は当座借越契約（借越限度額 ¥1,000,000）を結んでいる。

(借)支 払 手 形　　530,000　(貸)当 座 預 金　　380,000
　　　　　　　　　　　　　　　　当 座 借 越　　150,000

2. 決算

・当期分の家賃 ¥60,000 が未払いである（支払期日は翌期に到来する）。

(借)支 払 家 賃　　60,000　(貸)未 払 家 賃　　60,000

・決算に際して、現金過不足勘定の貸方残高 ¥4,200 を雑収入勘定に振り替えた。

(借)現金過不足　　4,200　(貸)雑 収 入　　4,200

・決算に際して、完成工事原価 ¥300,000 を損益勘定に振り替えた。

(借)損　　　　益　　300,000　(貸)完成工事原価　　300,000

・決算に際して、当期純利益 ¥620,000 を資本金勘定に振り替えた。

(借)損　　　　益　　620,000　(貸)資 本 金　　620,000

3. 手形取引（手形の割引・裏書）

・南北銀行において約束手形 ¥360,000 を割り引き、¥4,800 を差し引かれた手取額を当座預金に預け入れた。

(借)当 座 預 金　　355,200　(貸)受 取 手 形　　360,000
　　手形売却損　　4,800

4. 資産の取得等

(1)材料の取得等

・郡山建材店から材料 ¥350,000 を購入し、本社倉庫に搬入した。代金のうち ¥80,000 は前渡金と相殺し、残額は翌月末日支払いの約束である。

(借)材　　　　料　　350,000　(貸)前 渡 金　　80,000
　　　　　　　　　　　　　　　　工事未払金　　270,000

(2) 材料の値引き

- 現場へ搬入した建材の一部（代金は未払）に不良品があったため、¥ 40,000 の値引きを受けた。

(借) 工事未払金	40,000	(貸) 材 料 費	40,000

(3) 固定資産の取得等

- 建設用機械 ¥ 1,250,000 を購入し、代金のうち ¥ 850,000 と引取運賃及び据付費 ¥ 50,000 は小切手を振り出して支払い、残額は翌月払いとした

(借) 機 械 装 置	1,300,000	(貸) 当 座 預 金	900,000
		未 払 金	400,000

- 本社建物の補修を行い、その代金 ¥ 756,000 のうち ¥ 300,000 は約束手形を振り出して支払い、残額は翌月払いとした。なお、補修代金のうち ¥ 490,000 は修繕のための支出であり、残額は改良のための支出である。

(借) 建 物	266,000	(貸) 支 払 手 形	300,000
修繕維持費	490,000	未 払 金	456,000

5. 有価証券

(1) 取得

- A 社の社債（額面 ¥ 1,000,000）を ¥ 980,000 で買い入れ、代金は小切手を振り出して支払った。

(借) 有 価 証 券	980,000	(貸) 当 座 預 金	980,000

(2) 売却

- 有価証券（帳簿価額 ¥ 350,000）を売却し、その代金 ¥ 365,000 を現金で受け取った。

(借) 現 金	365,000	(貸) 有 価 証 券	350,000
		有価証券売却益	15,000

6. その他

- 営業資金の不足を補うために、現金 ¥ 360,000 を追加出資した。

(借) 現 金	360,000	(貸) 資 本 金	360,000

- 新潟商店に対する貸付金の回収として、同店振出しの約束手形 ¥ 180,000 を受け取った。

(借) 受 取 手 形	180,000	(貸) 貸 付 金	180,000

- 工事が完成したので発注者に引き渡し、前受金 ¥ 500,000 を差し引いた残額 ¥ 745,000 を小切手で受け取った。

(借) 未成工事受入金	500,000	(貸) 完成工事高	1,245,000
現 金	745,000		

- 広島商店と事務所の建築工事 ¥ 800,000 について請負契約が成立し、前受金として同店振出し、島根商店引受け済みの為替手形 ¥ 200,000 を受け取った。

(借) 受 取 手 形	200,000	(貸) 未成工事受入金	200,000

- 下請業者である宮崎工務店から、金額 ¥ 1,200,000 の第 1 回出来高報告書を受け取った。

(借) 外 注 費	1,200,000	(貸) 工事未払金	1,200,000

- 現場作業員の賃金 ¥ 286,000 から所得税源泉徴収分 ¥ 23,000 と立替金 ¥ 18,000 を差し引き、残額を現金で支払った。

(借) 労 務 費	286,000	(貸) 預 り 金	23,000
		立 替 金	18,000
		現 金	245,000

- 源泉徴収していた従業員の所得税 ¥ 15,000 を現金で納付した。

(借) 預 り 金	15,000	(貸) 現 金	15,000

- 営業部員が出張するため、旅費の概算払いとして現金 ¥ 50,000 を手渡した。

(借) 仮 払 金	50,000	(貸) 現 金	50,000

・出張していた営業部員が帰社し、かねて仮払金で処理していた旅費の概算払 ¥150,000 を精算し、残額 ¥17,000 を現金で受け取った。	(借)旅費交通費 133,000 現　金 17,000		(貸)仮　払　金 150,000	
・仮受金で処理していた ¥650,000 のうち、¥200,000 は 新規工事にかかる前受金であり、残りの ¥450,000 は工事代金の未収分の入金額であることが判明した。	(借)仮　受　金 650,000		(貸)未成工事受入金 200,000 完成工事未収金 450,000	
・前期に計上した秋田商店株式会社に対する完成工事代金の未収分 ¥543,000 が、同店倒産のため回収不能となった。なお、貸倒引当金勘定残高が ¥300,000 ある。	(借)貸倒引当金 300,000 貸倒損失 243,000		(貸)完成工事未収金 543,000	

2. 解き方

(1) 解答上の注意

・誤字に注意してください。特に有価証券の「券」の字の中が『刀』である点に注意。

・紛らわしい数字を書かないように注意。特に「1」と「7」、「6」と「8」。

(2) 解き方実践 第33回

〔第1問〕　石川工務店の次の各取引について仕訳を示しなさい。使用する勘定科目は下記の <勘定科目群> から選び、その記号（A～U）と勘定科目を書くこと。なお、解答は次に掲げた（例）に対する解答例にならって記入しなさい。

(20点)

(例)　　現金¥100,000を当座預金に預け入れた。

(1)　　取得原価¥380,000の株式を売却し、その代金¥423,000は小切手で受け取った。

(2)　　当社振出しの約束手形¥530,000が支払期日につき、当座預金より引き落とされた。ただし、当座預金の残高は¥380,000である。当社は当座借越契約（借越限度額¥1,000,000）を結んでいる。

(3)　　現場作業員の賃金¥286,000から所得税源泉徴収分¥23,000と立替金¥18,000を差し引き、残額を現金で支払った。

(4)　　建設用機械¥1,250,000を購入し、代金のうち¥850,000は現金で支払い、残額は翌月払いとした。

(5)　　現場へ搬入した建材の一部（代金は未払）に不良品があったため、¥40,000の値引きを受けた。

<勘定科目群>

A	現金	B	当座預金	C	仮払金	D	仮受金	E 工事未払金
F	未払金	G	有価証券	H	有価証券売却損	J	有価証券売却益	K 受取手形
L	支払手形	M	当座借越	N	給料	P	立替金	Q 労務費
R	機械装置	S	材料費	T	材料	U	預り金	

❶　<勘定科目群>を分類し、整理する

⇒資産○、負債×、収益☆、費用△で分類し、「有価証券売却益」と「有価証券売却損」のようにペアになっている科目は線で結んでおく←ペアになっている科目は、どちらかは使うため

<勘定科目群>

A〇現金	B〇当座預金	C〇仮払金	D✕仮受金	E✕工事未払金
F✕未払金	G〇有価証券	H△有価証券売却損 — J☆有価証券売却益	K〇受取手形	
L✕支払手形	M✕当座借越	N△給料	P〇立替金	Q△労務費
R〇機械装置	S△材料費 ——— T〇材料	U✕預り金		

❷ **仕訳をする**

・前提となる過去の取引は仕訳をしておく

・長い問題文では、句読点で区切って部分的に仕訳していく

・勘定科目群に該当する勘定科目があることを確認する

❸ **アルファベットを確認し、それとともに解答用紙に記入する**

　自信のない問題でも空白にしないで、できる限りの解答を記入し、あとで見直すときに優先してみるものとして、問題番号に〇印をつけて、次の問題に進む

❹ **最後に貸借の合計で検算する**

Let's try!

〔第1問〕

仕訳　　記号（A〜U）も記入のこと

No.	借　方			貸　方		
	記号	勘定科目	金額	記号	勘定科目	金額
(例)	B	当座預金	1 0 0 0 0 0	A	現金	1 0 0 0 0 0
(1)						
(2)						
(3)						
(4)						
(5)						

Answer

(1)	A	現 金	423000	G	有 価 証 券	380000	
				J	有価証券売却益	43000	
(2)	L	支 払 手 形	530000	B	当 座 預 金	380000	
				M	当 座 借 越	150000	
(3)	Q	労 務 費	286000	U	預 り 金	23000	
				P	立 替 金	18000	
				A	現 金	245000	
(4)	R	機 械 装 置	1250000	A	現 金	850000	
				F	未 払 金	400000	
(5)	E	工 事 未 払 金	40000	S	材 料 費	40000	

第2問の出題傾向と解き方

1. 出題傾向

毎回、工事原価計算表に関する問題が出題されています。

出題形式としては、(1) 完成工事原価報告書を作成するパターンと、(2) 解答要求事項の金額を答えるパターンとがあります。

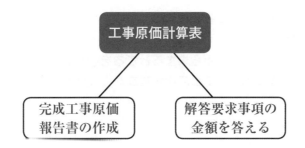

2. 解き方

(1) (2) の両パターンとも、工事原価計算表を完成させるところまでは同じです。

(1) は、それを工事原価報告書にまとめるのに対して、(2) は、解答要求事項の金額を算定するだけという違いがあります。

(1) 完成工事原価報告書を作成するパターン　第32回

〔第2問〕　下記の工事原価計算表と未成工事支出金勘定に基づき、解答用紙の完成工事原価報告書を作成しなさい。なお、当期中にA工事、B工事、D工事は完成し、C工事は未完成である。　　　　　(12 点)

工事原価計算表

(単位：円)

摘　　要	A 工事		B 工事		C 工事	D 工事	合　　計
	前期繰越	当期発生	前期繰越	当期発生	当期発生	当期発生	
材　料　費	×××	284,000	×××	486,000	98,000	460,000	1,537,000
労　務　費	96,000	213,000	72,000	391,000	76,000	×××	1,233,000
外　注　費	×××	188,000	56,000	×××	55,000	204,000	×××
経　　　費	68,000	×××	35,000	198,000	×××	167,000	626,000
合　　計	×××	802,000	247,000	×××	×××	×××	×××

未成工事支出金

(単位：円)

前 期 繰 越	625,000	完成工事原価	×××
材 料 費	×××	次 期 繰 越	×××
労 務 費	×××		
外 注 費	664,000		
経 費	×××		
	×××		×××

❶ タテ計とヨコ計から単純に求められるところを埋める

❷ ❶の結果、求まるところを埋める

❸ 他の資料（本問では、未成工事支出金勘定）から求まるところを埋める

❹〜❻ 上記の結果、求まるところを埋めて、工事原価計算表を完成させる

　⇒完成工事原価報告書に記入する

　・完成工事分のみを記入する点に注意が必要です

工事原価計算表

(単位：円)

摘　　要	A 工 事 前期繰越	A 工 事 当期発生	B 工 事 前期繰越	B 工 事 当期発生	C 工 事 当期発生	D 工 事 当期発生	合　　計
材 料 費	❷ 125,000	284,000	❶ 84,000	486,000	98,000	460,000	1,537,000
労 務 費	96,000	213,000	72,000	391,000	76,000	❶ 385,000	1,233,000
外 注 費	❹ 89,000	188,000	56,000	❺ 217,000	55,000	204,000	❸ 809,000
経 費	68,000	❶ 117,000	35,000	198,000	❷ 41,000	167,000	626,000
合 計	❸ 378,000	802,000	247,000	❻ 1,292,000	❷ 270,000	❷ 1,216,000	×××

未成工事支出金

(単位：円)

前 期 繰 越	❸ 625,000	完成工事原価	×××
材 料 費	×××	次 期 繰 越	×××
労 務 費	×××		
外 注 費	❸ 664,000		
経 費	×××		
	×××		×××

Let's try!

〔第2問〕

完成工事原価報告書

(単位：円)

Ⅰ．材料費		
Ⅱ．労務費		
Ⅲ．外注費		
Ⅳ．経費		
完成工事原価		

Answer

完成工事原価報告書

(単位：円)

Ⅰ．材料費	1 4 3 9 0 0 0
Ⅱ．労務費	1 1 5 7 0 0 0
Ⅲ．外注費	7 5 4 0 0 0
Ⅳ．経費	5 8 5 0 0 0
完成工事原価	3 9 3 5 0 0 0

(2) 解答要求事項の金額を答えるパターン　第33回

〔第2問〕　次の＜資料＞に基づき、下記の設問の金額を計算しなさい。　　　　　　　　　　（12点）

＜資料＞

1. 平成×年9月の工事原価計算表

工事原価計算表

平成×年9月

（単位：円）

摘　要	A工事		B工事		C工事		D工事	合　計
	前月繰越	当月発生	前月繰越	当月発生	前月繰越	当月発生	当月発生	
材　料　費	34,900	×××	78,300	48,900	×××	58,200	49,100	430,400
労　務　費	16,800	83,900	52,800	×××	39,700	40,300	×××	292,900
外　注　費	12,300	74,200	60,200	19,700	×××	36,400	49,100	×××
経　　　費	9,600	24,100	×××	×××	18,600	13,300	6,700	115,500
合　　　計	×××	297,600	×××	98,500	128,000	×××	×××	×××
備　　　考	完　　成		完　　成		未　完　成		未　完　成	

2. 前月より繰り越した未成工事支出金の残高は¥427,700であった。

問1　当月発生の労務費

問2　当月の完成工事原価

問3　当月末の未成工事支出金の残高

問4　当月の完成工事原価報告書に示される材料費

❶　タテ計とヨコ計から単純に求められるところを埋める

❷　❶の結果、求まるところを埋める

❸～❺　他の資料（本問では、前月末の未成工事支出金の残高）から求まるところを埋める

❺～⓫　上記の結果、求まるところを埋めて、工事原価計算表を完成させる

⇒各問の金額を計算して解答する

工事原価計算表

平成X年9月

(単位：円)

摘　要	A工事		B工事		C工事		D工事	合　計
	前月繰越	当月発生	前月繰越	当月発生	前月繰越	当月発生	当月発生	
材　料　費	34,900	❶ *115,400*	78,300	48,900	❷ *45,600*	58,200	49,100	430,400
労　務　費	16,800	83,900	52,800	❾ *21,500*	39,700	40,300	❿ *37,900*	292,900
外　注　費	12,300	74,200	60,200	19,700	❸ *24,100*	36,400	49,100	❹ *276,000*
経　　　費	9,600	24,100	❼ *34,800*	❽ *8,400*	18,600	13,300	6,700	115,500
合　　　計	❶ *73,600*	297,600	❻ *226,100*	98,500	128,000	❶ *148,200*	⓫ *142,800*	❺ *1,114,800*
備　　　考	完　　成		完　　成		未　完　成		未　完　成	

Let's try!

〔第2問〕

問1　¥ ☐☐☐☐☐☐　　問2　¥ ☐☐☐☐☐☐　　問3　¥ ☐☐☐☐☐☐　　問4　¥ ☐☐☐☐☐☐

Answer

問1　¥ 183600　　問2　¥ 695800　　問3　¥ 419000　　問4　¥ 277500

第3問の出題傾向と解き方

1. 出題傾向

　毎回、試算表に関する問題が出題されています。

　解答形式としては、合計残高試算表と合計試算表とがありますが、合計残高試算表の作成プロセスの中で合計試算表は作成できるので、前者をマスターしておけば十分でしょう。

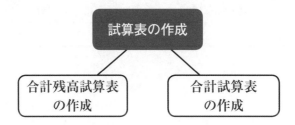

試算表の作成問題で出題される仕訳一覧

(1) 工事の流れ		
①工事契約が成立し、前受金￥450,000を小切手で受け取った。	(借)現　　　　金　　450,000	(貸)未成工事受入金　450,000
②材料￥320,000を掛けで購入し、本社倉庫に搬入した。なお、材料はそのつど材料勘定に記入し、現場搬送の際に材料費勘定に振り替える。	(借)材　　　　料　　320,000	(貸)工事未払金　　　320,000
③材料￥250,000を本社倉庫より現場に搬入した。	(借)材　料　費　　250,000	(貸)材　　　　料　　250,000
④現場の材料の一部に未使用分￥12,000が生じたため、現場より倉庫に搬入した。	(借)材　　　　料　　 12,000	(貸)材　料　費　　　 12,000
⑤現場作業員の賃金￥80,000を現金で支払った。	(借)労　務　費　　 80,000	(貸)現　　　　金　　 80,000
⑥外注先の下請業者から作業完了の報告があり、外注代金￥156,000の請求を受けた。	(借)外　注　費　　156,000	(貸)工事未払金　　　156,000
⑦現場事務所の家賃￥125,000を小切手を振り出して支払った。	(借)経　　　　費　　125,000	(貸)当　座　預　金　125,000
⑧工事が完成し、引き渡した。工事代金の￥900,000うち前受金￥250,000を差し引いた残額を約束手形で受け取った。	(借)未成工事受入金　250,000 　　受　取　手　形　650,000	(貸)完成工事高　　　900,000
(2) お金の流れなど		
①工事の未収代金の決済として￥320,000が当座預金に振り込まれた。	(借)当　座　預　金　320,000	(貸)完成工事未収入金　320,000
②取立依頼中の約束手形￥460,000が、当座預金に入金になった旨の通知を受けた。	(借)当　座　預　金　460,000	(貸)受　取　手　形　460,000

③現金 ¥100,000 を当座預金から引き出した。	(借)現 金	100,000	(貸)当座預金	100,000		
④本社の電話代 ¥31,000 を支払うため小切手を振り出した。	(借)通 信 費 (販売費及び一般管理費)	31,000	(貸)当座預金	31,000		
⑤本社事務員の給料 ¥120,000 を現金で支払った。	(借)給 料 (販売費及び一般管理費)	120,000	(貸)現 金	120,000		
⑥材料の掛買代金支払のため、約束手形 ¥210,000 を振り出した。	(借)工事未払金	210,000	(貸)支払手形	210,000		
⑦当社振出しの約束手形 ¥290,000 の期日が到来し、当座預金から引き落とされた。	(借)支払手形	290,000	(貸)当座預金	290,000		
⑧銀行より ¥150,000 を借入れ、利息 ¥2,000 を差し引かれた残額が当座預金に入金された。	(借)当座預金 支払利息	148,000 2,000	(貸)借入金	150,000		

2. 解き方　第33回

(1) 取引を仕訳する方法と、(2) 取引を合計試算表に集計していく方法とがあります。

〔第3問〕　次の<資料1>及び<資料2>に基づき、解答用紙の合計残高試算表(平成x年11月30日)を完成しなさい。なお、材料は購入のつど材料勘定に記入し、現場搬入の際に材料費勘定に振り替えている。　　　　　　(30点)

<資料1>

合 計 試 算 表
平成x年11月20日

(単位:円)

借　方	勘 定 科 目	貸　方
803,000	現　　　　　金	580,000
2,057,000	当 座 預 金	1,603,000
1,694,000	受 取 手 形	1,482,000
1,452,000	完成工事未収入金	840,000
605,000	材　　　　　料	397,000
550,000	機 械 装 置	
456,000	備　　　　　品	
1,312,000	支 払 手 形	2,149,000
411,000	工 事 未 払 金	908,000
1,089,000	借 入 金	3,025,000
889,000	未成工事受入金	1,633,000
	資 本 金	1,000,000
	完 成 工 事 高	2,904,000
2,028,000	材 料 費	
1,381,000	労 務 費	
898,000	外 注 費	
505,000	経 費	
317,000	給 料	
48,000	通 信 費	
26,000	支 払 利 息	
16,521,000		16,521,000

<資料2> 平成X年11月21日から11月30日までの取引

21日 工事契約が成立し、前受金￥300,000を現金で受け取った。

22日 当座預金から現金￥50,000を引き出した。

23日 材料￥126,000を掛けで購入し、資材倉庫に搬入した。

24日 工事の未収代金の決済として￥280,000が当座預金に振り込まれた。

25日 外注業者から作業完了の報告があり、外注代金￥189,000の請求を受けた。

〃 材料￥68,000を資材倉庫より現場に送った。

26日 現場作業員の賃金￥236,000を現金で支払った。

〃 本社事務員の給料￥134,000を現金で支払った。

27日 取立依頼中の約束手形￥460,000が支払期日につき、当座預金に入金になった旨の通知を受けた。

28日 現場事務所の家賃￥47,000を現金で支払った。

29日 本社の電話代￥31,000を支払うため小切手を振り出した。

〃 完成した工事を引き渡し、工事代金￥600,000のうち前受金￥200,000を差し引いた残金を約束手形で受け取った。

30日 材料の掛買代金￥260,000の支払いのため、約束手形を振り出した。

〃 銀行より￥150,000を借り入れ、利息￥2,000を差し引かれた残額が当座預金に入金された。

（1）取引を仕訳する方法

❶ 日付ごとに、下書用紙に仕訳をする

❷ 仕訳の貸借の一致をチェックする

❸ 合計試算表の勘定科目ごとに合計して、金額を記入し、貸借差額を残高欄に記入する

21日	(借)現　　　金	300,000	(貸)未成工事受入金	300,000
22日	(借)現　　　金	50,000	(貸)当 座 預 金	50,000
23日	(借)材　　　料	126,000	(貸)工 事 未 払 金	126,000
24日	(借)当 座 預 金	280,000	(貸)完成工事未収入金	280,000
25日	(借)外　注　費	189,000	(貸)工 事 未 払 金	189,000
25日	(借)材　料　費	68,000	(貸)材　　　料	68,000
26日	(借)労　務　費	236,000	(貸)現　　　金	236,000
26日	(借)給　　　料	134,000	(貸)現　　　金	134,000
27日	(借)当 座 預 金	460,000	(貸)受 取 手 形	460,000
28日	(借)経　　　費	47,000	(貸)現　　　金	47,000
29日	(借)通 信 費	31,000	(貸)当 座 預 金	31,000
29日	(借)未成工事受入金	200,000	(貸)完 成 工 事 高	600,000
	受 取 手 形	400,000		
30日	(借)工 事 未 払 金	260,000	(貸)支 払 手 形	260,000
30日	(借)当 座 預 金	148,000	(貸)借 入 金	150,000
	支 払 利 息	2,000		

Let's try! ～33回(一部)～

〔第3問〕

合計残高試算表

平成×年11月30日 （単位：円）

借	方	勘 定 科 目	貸	方
残　高	合　計		合　計	残　高
		現　　　　　金		
		当 座 預 金		
		受 取 手 形		
		完成工事未収入金		
		材　　　　　料		

Answer

合計残高試算表

平成×年11月30日 （単位：円）

借	方	勘 定 科 目	貸	方
残　高	合　計		合　計	残　高
156 000	1 153 000	現　　　　　金	997 000	
1 261 000	2 945 000	当 座 預 金	1 684 000	
152 000	2 094 000	受 取 手 形	1 942 000	
332 000	1 452 000	完成工事未収入金	1 120 000	
266 000	731 000	材　　　　　料	465 000	

（2）取引を合計試算表に集計していく方法

❶ 問題の合計試算表に、資産、負債、純資産、収益、費用を区分する線を引く

❷ 取引を頭の中で仕訳し、合計試算表の余白に記入していく

❸ 余白に記入した金額の貸借の一致を確認

❹ 勘定科目ごとに集計し、金額を合計試算表に記入し、貸借差額を残高欄に記入する

〔第3問〕 次の<資料1>及び<資料2>に基づき、解答用紙の合計残高試算表(平成X年11月30日)を完成しなさい。なお、材料は購入のつど材料勘定に記入し、現場搬入の際に材料費勘定に振り替えている。　　　(30点)

<資料1>

合 計 試 算 表
平成X年11月20日

(単位：円)

			借　方	勘 定 科 目	貸　方			
	50,000	300,000	803,000	現　　　　　金	580,000	236,000	134,000	47,000
148,000	460,000	280,000	2,057,000	当　座　預　金	1,603,000	50,000	31,000	
		400,000	1,694,000	受　取　手　形	1,482,000	460,000		
			1,452,000	完 成 工 事 未 収 入 金	840,000	280,000		
		126,000	605,000	材　　　　　料	397,000	68,000		
			550,000	機　械　装　置				
			456,000	備　　　　　品				
			1,312,000	支　払　手　形	2,149,000	260,000		
		260,000	411,000	工　事　未　払　金	908,000	126,000	189,000	
			1,089,000	借　　入　　金	3,025,000	150,000		
		200,000	889,000	未 成 工 事 受 入 金	1,633,000	300,000		
				資　　本　　金	1,000,000			
				完　成　工　事　高	2,904,000	600,000		
		68,000	2,028,000	材　　料　　費				
		236,000	1,381,000	労　　務　　費				
		189,000	898,000	外　　注　　費				
		47,000	505,000	経　　　　　費				
		134,000	317,000	給　　　　　料				
		31,000	48,000	通　　信　　費				
		2,000	26,000	支　払　利　息				
			16,521,000		16,521,000			
		2,931,000			2,931,000			

<資料2>　平成X年11月21日から11月30日までの取引

21日　工事契約が成立し、前受金￥300,000を現金で受け取った。

22日　当座預金から現金￥50,000を引き出した。

23日　材料￥126,000を掛けで購入し、資材倉庫に搬入した。

24日　工事の未収代金の決済として￥280,000が当座預金に振り込まれた。

25日　外注業者から作業完了の報告があり、外注代金￥189,000の請求を受けた。

〃　　材料￥68,000を資材倉庫より現場に送った。

26日　現場作業員の賃金￥236,000を現金で支払った。

〃　　本社事務員の給料￥134,000を現金で支払った。

27日　取立依頼中の約束手形￥460,000が支払期日につき、当座預金に入金になった旨の通知を受けた。

28日　現場事務所の家賃￥47,000を現金で支払った。

29日　本社の電話代￥31,000を支払うため小切手を振り出した。

〃　　完成した工事を引き渡し、工事代金￥600,000のうち前受金￥200,000を差し引いた残金を約束手形で受け取った。

30日　材料の掛買代金￥260,000の支払いのため、約束手形を振り出した。

〃　　銀行より￥150,000を借り入れ、利息￥2,000を差し引かれた残額が当座預金に入金された。

2-16

Let's try!

〔第3問〕

合計残高試算表

平成×年11月30日　　　　　　　　　　　　（単位：円）

借　　　方		勘 定 科 目	貸　　　方	
残　　高	合　　計		合　　計	残　　高
		現　　　　　金		
		当 座 預 金		
		受 取 手 形		
		完成工事未収入金		
		材　　　　　料		
		機 械 装 置		
		備　　　　　品		
		支 払 手 形		
		工 事 未 払 金		
		借　　入　　金		
		未成工事受入金		
		資　　本　　金		
		完 成 工 事 高		
		材　　料　　費		
		労　　務　　費		
		外　　注　　費		
		経　　　　　費		
		給　　　　　料		
		通　　信　　費		
		支 払 利 息		

Answer

合計残高試算表

平成×年11月30日 　　　　　　　　　　　　　　　　（単位：円）

借　方		勘　定　科　目	貸　方	
残　高	合　計		合　計	残　高
156000	1153000	現　　　　　金	997000	
1261000	2945000	当　座　預　金	1684000	
152000	2094000	受　取　手　形	1942000	
332000	1452000	完成工事未収入金	1120000	
266000	731000	材　　　　　料	465000	
550000	550000	機　械　装　置		
456000	456000	備　　　　　品		
	1312000	支　払　手　形	2409000	1097000
	671000	工　事　未　払　金	1223000	552000
	1089000	借　　入　　金	3175000	2086000
	1089000	未成工事受入金	1933000	844000
		資　　本　　金	1000000	1000000
		完　成　工　事　高	3504000	3504000
2096000	2096000	材　　料　　費		
1617000	1617000	労　　務　　費		
1087000	1087000	外　　注　　費		
552000	552000	経　　　　　費		
451000	451000	給　　　　　料		
79000	79000	通　　信　　費		
28000	28000	支　払　利　息		
9083000	19452000		19452000	9083000

第4問の出題傾向と解き方

1. 出題傾向

　毎回、穴埋め形式で出題されていますが、内容的には（1）伝票作成と（2）文章題の2つのパターンがあります。

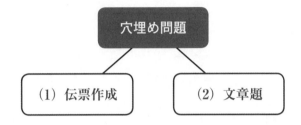

2. 解き方

（1）伝票作成パターン　第26回

〔第4問〕　次の〈取引〉について、3伝票制のもとで、一部現金取引については相手科目を2つに分けて起票する方法をとっている場合の起票はどのようになるか。ア〜エの適当な箇所に勘定科目と金額を示しなさい。なお、使用する勘定科目は下記の〈勘定科目群〉から選び、その記号（A〜H）と勘定科目を書くこと。　　　　　　　　（10点）

　　〈取引〉
　　　平成×9年1月17日、山口工務店は、島根建材店に対する工事未払金 ¥320,000について、広島商店から受け取っていた為替手形 ¥200,000を裏書きして渡し、残額は現金で支払った。

入金伝票	出金伝票	振替伝票
平成×9年1月17日	平成×9年1月17日	平成×9年1月17日
ア	イ	ウ　　　　エ

　　〈勘定科目群〉
　　　A　現金　　　　　　　B　当座預金　　　　C　未成工事支出金　　　D　工事未払金
　　　E　受取手形　　　　　F　支払手形　　　　G　完成工事高　　　　　H　未成工事受入金

❶　取引の仕訳をする

　　　　（借）工 事 未 払 金　　320,000　　　（貸）受　取　手　形　　200,000
　　　　　　　　　　　　　　　　　　　　　　　　　現　　　　　　金　　120,000

❷　仕訳を2つに分けて解答を作成する

　　　　（借）工 事 未 払 金　　200,000　　　（貸）受　取　手　形　　200,000　⇒ **振替伝票**
　　　　（借）工 事 未 払 金　　120,000　　　（貸）現　　　　　　金　　120,000　⇒ **出金伝票**

記入がない箇所は空欄にしておくこと

	記号	勘定科目	金額
ア			
イ			
ウ			
エ			

	記号	勘定科目	金額
ア			
イ	D	工事未払金	120000
ウ	D	工事未払金	200000
エ	E	受取手形	200000

(2) 文章題パターン　第33回

〔第4問〕 次の文の □□□ の中に入る適当な用語を下記の＜用語群＞の中から選び、その記号（ア〜ス）を解答欄に記入しなさい。 (10点)

(1) 当期の収益ないし費用を発生させる取引を a 取引という。

(2) 支払利息は b の勘定に属し、未払利息は c の勘定に属する勘定科目である。

(3) 固定資産の補修において、当該資産の能率を増進させるような性質の支出は d と呼ばれ、原状を回復させるような性質の支出は e と呼ばれる。

＜用語群＞

ア 収益	イ 収益的支出	ウ 損益	エ 資産	オ 負債
カ 資本	キ 残高	ク 費用	コ 資本的支出	サ 混合
シ 工事原価	ス 交換			

❶ 問題文から、重複使用がないことを確認する

❷ ＜用語群＞を読み、同類の用語に印をつけておく

❸ 順に読み進め、わからないところは後回しにする

❹ わかったところと、その同類のものを外した用語から、わからなかったところを埋める

Let's try!

Answer

〔第4問〕

記号（ア〜ス）

a	b	c	d	e

a	b	c	d	e
ウ	ク	オ	コ	イ

第５問の出題傾向と解き方

1. 出題傾向

毎回、精算表の作成問題が出題されています。

精算表の作成問題で出題される仕訳一覧

(1) 貸倒引当金の設定

受取手形 ¥ 359,600 と完成工事未収入金 ¥ 800,400 の合計額に対して2%の貸倒引当金を設定する。（差額補充法）なお、残高試算表の貸倒引当金は ¥ 16,800 である。

(借)貸倒引当金繰入額　6,400　(貸)貸倒引当金　6,400

(2) 有価証券の評価

有価証券の時価は ¥ 356,200 である。評価損を計上する。なお、残高試算表の有価証券は ¥ 364,700 である。

(借)有価証券評価損　8,500　(貸)有 価 証 券　8,500

(3) 減価償却費の計上

機械装置（工事用）について ¥ 32,000、備品（一般管理用）について ¥ 14,000 の減価償却費を計上する。

(借)経　　　費　32,000　(貸)機械装置減価償却累計額　32,000
　　　減価償却費　14,000　　　備品減価償却累計額　14,000

(4) 完成工事原価の算定

未成工事支出金の内訳：前期繰越額 ¥ 278,000
　　　　　　　　　　　　当期変動額 ¥ 2,111,000
　　　　　　　　　　　　次期繰越額 ¥ 145,600

(借)完成工事原価　2,243,400　(貸)未成工事支出金　2,243,400

(5) 経過勘定項目

a. 収益の見越

貸付金に対する利息のうち、当期に対応する金額 ¥ 2,500 が未収である。なお、この利息は次期に受け取る契約となっている。

(借)未 収 利 息　2,500　(貸)受 取 利 息　2,500

b. 費用の見越

借入金の利息の未払分 ¥ 2,600 がある。

(借)支 払 利 息　2,600　(貸)未 払 利 息　2,600

c. 収益の繰延

貸付金に対する利息の前受分は ¥ 1,500 である。

(借)受 取 利 息　1,500　(貸)前 受 利 息　1,500

d. 費用の繰延

販売費及び一般管理費には、次期に対応する保険料 ¥ 3,000 が含まれている。

(借)前払保険料　3,000　(貸)販売費及び一般管理費　3,000

(6)その他の決算整理事項		
・現金の実際有高が帳簿より￥2,000不足していることが判明した。その原因が不明のため、雑損失として処理することにした。	(借)雑　損　失　　2,000	(貸)現　　　　　金　　2,000
・仮払金￥30,000は社員の旅費の支払額である。その金額を販売費として処理する。	(借)販　売　費　　30,000	(貸)仮　払　金　　30,000

2. 解き方　第33回

〔第5問〕　次の＜決算整理事項等＞により、解答用紙に示されている岩手工務店の当会計年度（平成x年1月1日～平成x年12月31日）に係る精算表を完成しなさい。なお、工事原価は未成工事支出金勘定を経由して処理する方法によっている。

(28点)

＜決算整理事項等＞

(1)　機械装置（工事現場用）について￥68,000、備品（一般管理用）について￥23,000の減価償却費を計上する。

(2)　有価証券の時価は￥256,400である。評価損を計上する。

(3)　受取手形と完成工事未収入金の合計額に対して2%の貸倒引当金を設定する。（差額補充法）

(4)　未成工事支出金の次期繰越額は￥394,000である。

(5)　支払家賃には前払分￥8,400が含まれている。

❶　問題文を読み、決算日をチェックする

❷　解答用紙の勘定科目を上から順に読み、資産、負債、純資産、収益、費用を区別する線を引いておく

⇒損益計算書欄の貸借対照表項目（資産、負債、純資産）のように、絶対に何も記入されないところが明らかになる

[第5問]

精　算　表

(単位：円)

勘定科目	残高試算表		整理記入		損益計算書		貸借対照表	
	借方	貸方	借方	貸方	借方	貸方	借方	貸方
現　　　　　金	342000							
当 座 預 金	448000							
受 取 手 形	531000							
完成工事未収入金	723000							
貸 倒 引 当 金		12400						
有 価 証 券	294000							
未成工事支出金	456000							
材　　　　　料	383000							
貸 付 金	410000							
機 械 装 置	662000							
機械装置減価償却累計額		246000						
備　　　　　品	368000							
備品減価償却累計額		84000						
支 払 手 形		694000						
工 事 未 払 金		423000						
借 入 金		298000						
未成工事受入金		189000						
資 本 金		2000000						
完 成 工 事 高		3654000						
受 取 利 息		5800						
材 料 費	894000							
労 務 費	619000							
外 注 費	536000							
経　　　　　費	397000							
支 払 家 賃	149000							
支 払 利 息	7200							
その他の費用	387000							
	7606200	7606200						
完成工事原価								
貸倒引当金繰入額								
減 価 償 却 費								
有価証券評価損								
前 払 家 賃								
当 期（　　　　）								

❸ 問題文を読み、整理記入欄に直接に仕訳をする

❹ このとき、損益計算書欄や貸借対照表欄にも解答を記入していく

(1) 減価償却費の計上

精　算　表

(単位：円)

勘 定 科 目	残 高 試 算 表 借 方	残 高 試 算 表 貸 方	整 理 記 入 借 方	整 理 記 入 貸 方	損 益 計 算 書 借 方	損 益 計 算 書 貸 方	貸 借 対 照 表 借 方	貸 借 対 照 表 貸 方
機 械 装 置	662000						❻662000	
機械装置減価償却累計額		246000		❸68000				❹314000
備　　　　　品	368000						❻368000	
備品減価償却累計額		84000		❸23000				❹107000
経　　　　　費	397000			❸68000				
減 価 償 却 費			❸23000		❹23000			

(2) 有価証券の評価

| 有 価 証 券 | 294000 | | | ❷37600 | | | ❹256400 | |
| 有価証券評価損 | | | ❸37600 | | ❹37600 | | | |

(3) 貸倒引当金の設定

受 取 手 形	531000						❻531000	
完成工事未収入金	723000						❻723000	
貸 倒 引 当 金		12400		❸12680				❹25080
貸倒引当金繰入額			❸12680		❹12680			

(4) 完成工事原価の算定

未成工事支出金	456000		❸2514000	❸2576000			❹394000	
材　料　費	894000			❸894000				
労　務　費	619000			❸619000				
外　注　費	536000			❸536000				
経　　　費	397000			68000 ❸465000				
完成工事原価			❸2576000		❹2576000			

(5) 経過勘定項目

| 支 払 家 賃 | 149000 | | | ❸8400 | ❹140600 | | | |
| 前 払 家 賃 | | | ❸8400 | | | | ❹8400 | |

❺ 修正記入欄のタテ計が一致していることを確認する

❻ ❹で記入したところ以外を、損益計算書欄や貸借対照表欄に書き写す

❼ 損益計算書欄で当期純利益を計算し、貸借対照表欄に書き写す

❽ 貸借対照表のタテ計をして、一致することを確認する

❾ 一致しなかった場合は、不一致の額（これがあれば記入ミス）、不一致の額÷２（これがあれば貸借の記入ミス）、不一致の額÷９（これがあれば桁ミス）の順で検証していく

❿ ❾でダメなときは、「あきらめて他の問題にいく」か「問題を最初から見直す」のどちらかを選択する

精　算　表

（単位：円）

勘定科目	残高試算表 借方	残高試算表 貸方	整理記入 借方	整理記入 貸方	損益計算書 借方	損益計算書 貸方	貸借対照表 借方	貸借対照表 貸方
現　　　　　金	342000							
当 座 預 金	448000							
受 取 手 形	531000							
完成工事未収入金	723000							
貸 倒 引 当 金		12400						
有 価 証 券	294000							
未成工事支出金	456000							
材　　　　　料	383000							
貸 付 金	410000							
機 械 装 置	662000							
機械装置減価償却累計額		246000						
備　　　　　品	368000							
備品減価償却累計額		04000						
支 払 手 形		694000						
工 事 未 払 金		423000						
借 入 金		298000						
未成工事受入金		189000						
資 本 金		2000000						
完 成 工 事 高		3654000						
受 取 利 息		5800						
材 料 費	894000							
労 務 費	619000							
外 注 費	536000							
経　　　　　費	397000							
支 払 家 賃	149000							
支 払 利 息	7200							
その他の費用	387000							
	7606200	7606200						
完 成 工 事 原 価								
貸倒引当金繰入額								
減 価 償 却 費								
有価証券評価損								
前 払 家 賃								
当 期（　　　）								

Answer

精算表

（単位：円）

勘定科目	残高試算表 借方	残高試算表 貸方	整理記入 借方	整理記入 貸方	損益計算書 借方	損益計算書 貸方	貸借対照表 借方	貸借対照表 貸方
現　　　　　金	342000						342000	
当 座 預 金	448000						448000	
受 取 手 形	531000						531000	
完成工事未収入金	723000						723000	
貸 倒 引 当 金		12400		12680				25080
有 価 証 券	294000			37600			256400	
未成工事支出金	456000		2514000	2576000			394000	
材　　　　　料	383000						383000	
貸 付 金	410000						410000	
機 械 装 置	662000						662000	
機械装置減価償却累計額		246000		68000				314000
備　　　　　品	368000						368000	
備品減価償却累計額		84000		23000				107000
支 払 手 形		694000						694000
工 事 未 払 金		423000						423000
借 入 金		298000						298000
未成工事受入金		189000						189000
資 本 金		2000000						2000000
完 成 工 事 高		3654000				3654000		
受 取 利 息		5800				5800		
材 料 費	894000			894000				
労 務 費	619000			619000				
外 注 費	536000			536000				
経 費	397000		68000	465000				
支 払 家 賃	149000			8400	140600			
支 払 利 息	7200				7200			
その他の費用	387000				387000			
	7606200	7606200						
完 成 工 事 原 価			2576000		2576000			
貸倒引当金繰入額			12680		12680			
減 価 償 却 費			23000		23000			
有価証券評価損			37600		37600			
前 払 家 賃			8400				8400	
			5239680	5239680	3184080	3659800	4525800	4050080
当 期（純 利 益）					475720			475720
					3659800	3659800	4525800	4525800

索　引

索　引

第3部　回数別過去問題編

ご利用方法

以下の回数別過去問題編（問題、答案用紙、解答）は、この紙を残したままていねいに抜き取りご利用ください。

本別冊をご使用のさいは必ず下の図のように、別冊を半分に開きホッチキスの針を外してください。

針を外すさいは、必ず、素手ではなくドライバー等の器具をご使用ください。

なお、抜取りのさいの損傷によるお取替えはご遠慮願います。

別冊の外側から、試験回数ごとに問題 ⇒ 解答用紙 ⇒ 解答の順にまとめてありますので、ご使用のさいはご注意ください。

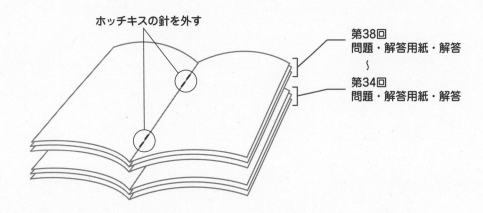

ホッチキスの針を外す

第38回
問題・解答用紙・解答
〜
第34回
問題・解答用紙・解答

解き直しのさいには…　答案用紙ダウンロードサービス

ネットスクール HP（https://www.net-school.co.jp/）➡ 読者の方へ　をクリック

第 34 回建設業経理事務士検定試験

3 級試験問題

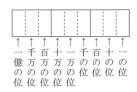

〔第 1 問〕 茨城工務店の次の各取引について仕訳を示しなさい。使用する勘定科目は下記の ＜勘定科目群＞ から選び、その記号（A〜U）と勘定科目を書くこと。なお、解答は次に掲げた（例）に対する解答例にならって記入しなさい。

(20 点)

（例） 現金￥100,000 を当座預金に預け入れた。

(1) 額面￥500,000 の甲社の社債を額面￥100 につき￥98 で買い入れ、代金は小切手を振り出して支払った。

(2) 仮受金として処理していた￥870,000 は、工事の受注に伴う前受金であることが判明した。

(3) 東北銀行において約束手形￥320,000 を割り引き、￥5,400 を差し引かれた手取額を当座預金に預け入れた。

(4) 下請業者である宮崎工務店から、金額￥1,100,000 の第 1 回出来高報告書を受け取った。

(5) 決算に際して、当期純利益￥750,000 を資本金勘定に振り替えた。

＜勘定科目群＞

A 現金	B 当座預金	C 仮払金	D 仮受金	E 有価証券
F 有価証券売却損	G 未成工事受入金	H 工事未払金	J 受取手形	K 支払手形
L 給料	M 労務費	N 外注費	Q 損益	R 完成工事未収入金
S 資本金	T 残高	U 手形売却損		

〔第 2 問〕 下記の工事原価計算表と未成工事支出金勘定に基づき、解答用紙の完成工事原価報告書を作成しなさい。 （12 点）

工事原価計算表

(単位：円)

摘 要	101号工事		102号工事		103号工事	104号工事	合 計
	前期繰越	当期発生	前期繰越	当期発生	当期発生	当期発生	
材 料 費	196,000	× × ×	58,000	86,000	113,000	83,000	634,000
労 務 費	× × ×	85,000	49,000	× × ×	89,000	× × ×	× × ×
外 注 費	97,000	× × ×	62,000	45,000	× × ×	36,000	366,000
経 費	72,000	56,000	× × ×	32,000	26,000	× × ×	243,000
合 計	510,000	308,000	× × ×	× × ×	× × ×	202,000	× × ×
期末の状況	完 成		未 完 成		完 成	未 完 成	

未成工事支出金

(単位：円)

前 期 繰 越	717,000	完成工事原価	× × ×
材 料 費	× × ×	次 期 繰 越	× × ×
労 務 費	309,000		
外 注 費	× × ×		
経 費	× × ×		
	× × ×		× × ×

第 34 回建設業経理事務士検定試験

解答用紙

〔第1問〕

仕訳　　記号（A～U）も必ず記入のこと

No.	借　方			貸　方		
	記号	勘 定 科 目	金　　額	記号	勘 定 科 目	金　　額
（例）	B	当 座 預 金	1 0 0 0 0 0	A	現　　金	1 0 0 0 0 0
(1)						
(2)						
(3)						
(4)						
(5)						

〔第2問〕

完成工事原価報告書

（単位：円）

Ⅰ．材料費	
Ⅱ．労務費	
Ⅲ．外注費	
Ⅳ．経　費	
完成工事原価	

〔第1問〕

仕訳　記号（A～U）も必ず記入のこと

No.	借 方			貸 方			
	記号	勘 定 科 目	金 額	記号	勘 定 科 目	金 額	
(例)	B	当 座 預 金	1 0 0 0 0 0	A	現　　　金	1 0 0 0 0 0	
(1)	E	有 価 証 券	4 9 0 0 0 0	B	当 座 預 金	4 9 0 0 0 0	☆☆
(2)	D	仮 受 金	8 7 0 0 0 0	G	未 成 工 事 受 入 金	8 7 0 0 0 0	☆☆
(3)	B U	当 座 預 金 手 形 売 却 損	3 1 4 6 0 0 5 4 0 0	J	受 取 手 形	3 2 0 0 0 0	☆☆
(4)	N	外 注 費	1 1 0 0 0 0	H	工 事 未 払 金	1 1 0 0 0 0	☆☆
(5)	Q	損　　　益	7 5 0 0 0 0	S	資 本 金	7 5 0 0 0 0	☆☆

予想採点基準：☆…2点×10＝20点

(1)　他社の社債を買い入れているので，「有価証券」で処理します。

(2)　「仮受金」の詳細が判明したため，適切な勘定に振り替えます。

(3)　手形の割引時に差し引かれた手数料は「手形売却損」で処理します。

(4)　下請業者に発注していた工事の金額が判明したので，「外注費」で処理します。また，未払いの工事代金が発生しているので，「工事未払金」で処理します。

(5)　当期純利益を「資本金」に振り替えるため，「資本金」の増加となります。

〔第2問〕

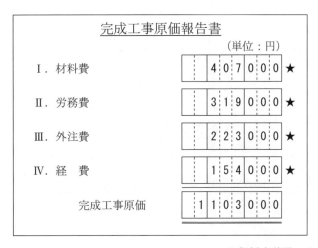

完成工事原価報告書

（単位：円）

Ⅰ．材料費	4 0 7 0 0 0	★
Ⅱ．労務費	3 1 9 0 0 0	★
Ⅲ．外注費	2 2 3 0 0 0	★
Ⅳ．経　費	1 5 4 0 0 0	★
完成工事原価	1 1 0 3 0 0 0	

予想採点基準：★…3点×4＝12点

工事原価計算表

(単位：円)

摘　要	101号工事 前期繰越	101号工事 当期発生	102号工事 前期繰越	102号工事 当期発生	103号工事 当期発生	104号工事 当期発生	合　計
材　料　費	196,000	❶ *98,000*	58,000	86,000	113,000	83,000	634,000
労　務　費	❷ *145,000*	85,000	49,000	×××	89,000	×××	×××
外　注　費	97,000	❸ *69,000*	62,000	45,000	❹ *57,000*	36,000	366,000
経　　費	72,000	56,000	×××	32,000	26,000	×××	243,000
合　　計	510,000	308,000	×××	×××	×××	202,000	×××
期末の状況	完　成		未　完　成		完　成	未　完　成	

❺　196,000＋98,000＋113,000＝407,000（材料費）
❻　145,000＋85,000＋　89,000＝319,000（労務費）
❼　97,000＋69,000＋　57,000＝223,000（外注費）
❽　72,000＋56,000＋　26,000＝154,000（経　費）

〔第3問〕

合計残高試算表

平成×年5月31日現在　(単位：円)

借方 残高	借方 合計	勘定科目	貸方 合計	貸方 残高
☆ 844,000	2,022,000	現　　　　金	1,178,000	
☆ 916,000	2,869,000	当　座　預　金	1,953,000	
☆ 308,000	1,585,000	受　取　手　形	1,277,000	
☆ 670,000	1,616,000	完成工事未収入金	946,000	
☆ 336,000	737,000	材　　　　料	401,000	
485,000	485,000	機　械　装　置		
319,000	319,000	備　　　　品		
	1,088,000	支　払　手　形	2,326,000	☆ 1,238,000
	659,000	工　事　未　払　金	1,049,000	☆ 390,000
	1,114,000	借　入　金	2,247,000	☆ 1,133,000
	892,000	未成工事受入金	1,333,000	☆ 441,000
		資　本　金	2,000,000	2,000,000
		完　成　工　事　高	3,328,000	☆ 3,328,000
☆ 1,579,000	1,579,000	材　料　費		
☆ 1,398,000	1,398,000	労　務　費		
628,000	628,000	外　注　費		
☆ 395,000	395,000	経　　費		
☆ 519,000	519,000	給　　料		
☆ 118,000	118,000	支　払　家　賃		
		雑　収　入	9,000	9,000
24,000	24,000	支　払　利　息		
8,539,000	18,047,000		18,047,000	8,539,000

予想採点基準：☆…2点×15＝30点

第35回建設業経理事務士検定試験

3級試験問題

〔第1問〕　愛媛工務店の次の各取引について仕訳を示しなさい。使用する勘定科目は下記の <勘定科目群> から選び、その
　　　　　記号（A〜U）と勘定科目を書くこと。なお、解答は次に掲げた（例）に対する解答例にならって記入しなさい。

(20点)

（例）　現金¥100,000を当座預金に預け入れた。

(1)　A社から工事代金の未収分¥650,000が当座預金に振り込まれた。なお、当座借越勘定の残高¥450,000
　　がある。

(2)　現金過不足として処理していた¥55,000は、本社事務員の旅費であることが判明した。

(3)　B社株式を¥1,500,000で買い入れ、代金は手数料¥30,000とともに小切手を振り出して支払った。

(4)　C工務店から外注作業完了の報告があり、その代金¥800,000のうち¥500,000については手持ちの約束手形を裏書
　　譲渡し、残りの¥300,000は翌月払いとした。

(5)　D社に対する貸付金の回収として、郵便為替証書¥30,000を受け取った。

<勘定科目群>

A　現金	B　当座預金	C　現金過不足	D　当座借越	E　有価証券
F　貸付金	G　未成工事受入金	H　工事未払金	J　受取手形	K　支払手形
L　給料	M　労務費	N　外注費	Q　経費	R　完成工事未収入金
S　旅費交通費	T　通信費	U　未払金		

〔第2問〕　次の原価計算表と未成工事支出金勘定に基づき、解答用紙の完成工事原価報告書を作成しなさい。　　（12点）

原価計算表

(単位：円)

摘　要	A工事 前期繰越	A工事 当期発生	B工事 前期繰越	B工事 当期発生	C工事 当期発生	D工事 当期発生	合　計
材　料　費	×××	95,000	×××	×××	47,000	×××	×××
労　務　費	105,000	×××	×××	54,000	×××	74,000	499,000
外　注　費	150,000	120,000	88,000	×××	51,000	68,000	534,000
経　　　費	85,000	74,000	45,000	29,000	18,000	×××	287,000
合　　　計	480,000	405,000	×××	×××	183,000	244,000	×××
期末の状況	完　成		完　成		未完成	未完成	

未成工事支出金

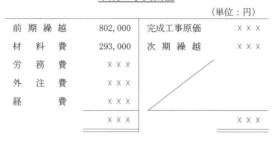

(単位：円)

前　期　繰　越	802,000	完成工事原価	×××
材　料　費	293,000	次　期　繰　越	×××
労　務　費	×××		
外　注　費	×××		
経　　　費	×××		
	×××		×××

第 35 回建設業経理事務士検定試験

解答用紙

〔第1問〕

仕訳　　記号（A～U）も必ず記入のこと

No.	借　方			貸　方		
	記号	勘 定 科 目	金 額	記号	勘 定 科 目	金 額
（例）	B	当 座 預 金	1 0 0 0 0 0	A	現　　　金	1 0 0 0 0 0
(1)						
(2)						
(3)						
(4)						
(5)						

〔第2問〕

完成工事原価報告書

（単位：円）

Ⅰ．材料費	
Ⅱ．労務費	
Ⅲ．外注費	
Ⅳ．経　費	
完成工事原価	

〔第1問〕

仕訳　記号（A～U）も必ず記入のこと

No.	借方			貸方			
	記号	勘定科目	金額	記号	勘定科目	金額	
(例)	B	当座預金	1 0 0 0 0 0	A	現金	1 0 0 0 0 0	
(1)	D	当座借越	4 5 0 0 0 0	R	完成工事未収入金	6 5 0 0 0 0	☆
	B	当座預金	2 0 0 0 0 0				☆
(2)	S	旅費交通費	5 5 0 0 0	C	現金過不足	5 5 0 0 0	☆ ☆
(3)	E	有価証券	1 5 3 0 0 0 0	B	当座預金	1 5 3 0 0 0 0	☆ ☆
(4)	N	外注費	8 0 0 0 0 0	J	受取手形	5 0 0 0 0 0	☆
				H	工事未払金	3 0 0 0 0 0	☆
(5)	A	現金	3 0 0 0 0	F	貸付金	3 0 0 0 0	☆ ☆

予想採点基準：☆…2点×10＝20点

(1)　借入れの状態（当座借越）なので，先に¥450,000を返済に充て，残額¥200,000を当座預金に預け入れたと考えます。
(2)　現金過不足の原因が本社事務員の旅費なので，「現金過不足」を借方計上していたことになります。よって，「現金過不足」から「旅費交通費」に振り替えます。
(3)　株式を買い入れたので，「有価証券」で処理します。なお，手数料は取得原価に含めます。
(4)　手持ちの約束手形を裏書譲渡したので「受取手形」を減少させ，残額は翌月払いのため「工事未払金」で処理します。
(5)　郵便為替証書は通貨代用証券なので，「現金」で処理します。

〔第2問〕

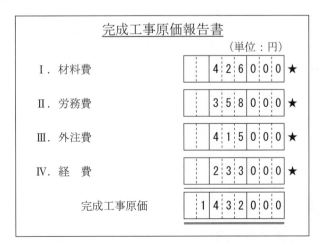

完成工事原価報告書
（単位：円）

Ⅰ．材料費	4 2 6 0 0 0	★
Ⅱ．労務費	3 5 8 0 0 0	★
Ⅲ．外注費	4 1 5 0 0 0	★
Ⅳ．経費	2 3 3 0 0 0	★
完成工事原価	1 4 3 2 0 0 0	

予想採点基準：★…3点×4＝12点

原価計算表

（単位：円）

摘　要	A工事 前期繰越	A工事 当期発生	B工事 前期繰越	B工事 当期発生	C工事 当期発生	D工事 当期発生	合　計
材　料　費	❶ 140,000	95,000	❸ 106,000	❸ 85,000	47,000	❷ 66,000	❹ 539,000
労　務　費	105,000	❶ 116,000	❷ 83,000	54,000	❶ 67,000	74,000	499,000
外　注　費	150,000	120,000	88,000	❶ 57,000	51,000	68,000	534,000
経　　　費	85,000	74,000	45,000	29,000	18,000	❶ 36,000	287,000
合　　計	480,000	405,000	❸ 322,000	❹ 225,000	183,000	244,000	❹ 1,859,000
期末の状況	完　成		完　成		未完成	未完成	

❶ タテ計とヨコ計から単純に求められるところを埋めます。

❷ ❶の結果，求まるところを埋めます。

❸ ❶，❷の結果と他の資料（本問では，未成工事支出金勘定の金額）から求まるところを埋めます。

❹ 上記の結果，求まるところを埋めて，原価計算表を完成させます。

〔第3問〕

合計残高試算表
平成×年6月30日現在
（単位：円）

借方 残高	借方 合計	勘定科目	貸方 合計	貸方 残高
☆ 223,000	826,000	現　　　金	603,000	
☆ 876,000	1,504,000	当　座　預　金	628,000	
☆ 138,000	624,000	受　取　手　形	486,000	
☆ 469,000	957,000	完成工事未収入金	488,000	
☆ 272,000	515,000	材　　　料	243,000	
390,000	390,000	機　械　装　置		
210,000	210,000	備　　　品		
	500,000	支　払　手　形	889,000	☆ 389,000
	365,000	工　事　未　払　金	695,000	☆ 330,000
	287,000	借　　入　　金	968,000	☆ 681,000
	411,000	未成工事受入金	643,000	☆ 232,000
		資　　本　　金	1,500,000	1,500,000
		完　成　工　事　高	2,900,000	☆ 2,900,000
☆ 881,000	881,000	材　　料　　費		
☆ 973,000	973,000	労　　務　　費		
☆ 935,000	935,000	外　　注　　費		
308,000	308,000	経　　　　費		
☆ 300,000	300,000	給　　　料		
☆ 50,000	50,000	支　払　家　賃		
		雑　　収　　入	5,000	5,000
12,000	12,000	支　払　利　息		
6,037,000	10,048,000		10,048,000	6,037,000

予想採点基準：☆…2点×15＝30点

第36回建設業経理事務士検定試験

3級試験問題

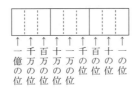

〔第1問〕　岐阜工務店の次の各取引について仕訳を示しなさい。使用する勘定科目は下記の ＜勘定科目群＞ から選び、その記号（A～W）と勘定科目を書くこと。なお、解答は次に掲げた（例）に対する解答例にならって記入しなさい。

(20点)

（例）　現金￥100,000を当座預金に預け入れた。

(1)　A社株式を￥1,800,000で買い入れ、代金は手数料￥75,000とともに小切手を振り出して支払った。

(2)　B工務店から外注作業完了の報告があり、その代金￥1,000,000のうち￥450,000については手持ちの約束手形を裏書譲渡し、残りは翌月払いとした。

(3)　得意先C店が倒産し、同店に対する完成工事未収入金￥1,400,000が回収不能となった。なお貸倒引当金の残高が￥900,000ある。

(4)　建設機械を購入し、代金￥598,000は小切手を振り出して支払った。当座預金の残高は￥333,000であり、取引銀行とは当座借越契約（借越限度額￥1,000,000）を結んでいる。

(5)　決算に際して、当期純利益￥850,000を資本金勘定に振り替えた。

＜勘定科目群＞

A　現金	B　当座預金	C　資本金	D　当座借越	E　有価証券
F　支払手数料	G　完成工事未収入金	H　工事未払金	J　受取手形	K　支払手形
L　完成工事高	M　損益	N　外注費	Q　経費	R　機械装置
S　貸倒損失	T　借入金	U　未払金	W　貸倒引当金	

〔第2問〕　次の原価計算表と未成工事支出金勘定に基づき、解答用紙の完成工事原価報告書を作成しなさい。　　(12点)

原価計算表

(単位：円)

摘　要	A工事		B工事		C工事	D工事	合　計
	前期繰越	当期発生	前期繰越	当期発生	当期発生	当期発生	
材　料　費	×××	140,000	54,000	×××	×××	×××	445,000
労　務　費	50,000	103,000	×××	58,000	×××	52,000	334,000
外　注　費	×××	×××	×××	90,000	98,000	37,000	×××
経　　　費	20,000	32,000	×××	28,000	58,000	33,000	184,000
合　　　計	188,000	×××	169,000	×××	278,000	214,000	×××
期末の状況	完成・引渡完了		未　完　成		完成・引渡完了	未　完　成	

未成工事支出金

(単位：円)

前 期 繰 越	×××	完成工事原価	×××
材　料　費	343,000	次 期 繰 越	×××
労　務　費	257,000		
外　注　費	309,000		
経　　　費	×××		
	×××		×××

第 36 回建設業経理事務士検定試験

解答用紙

〔第1問〕

仕訳　　記号（A～W）も必ず記入のこと

No.	借　　方			貸　　方		
	記号	勘　定　科　目	金　額	記号	勘　定　科　目	金　額
(例)	B	当 座 預 金	1 0 0 0 0 0	A	現　　金	1 0 0 0 0 0
(1)						
(2)						
(3)						
(4)						
(5)						

〔第2問〕

完成工事原価報告書

（単位：円）

Ⅰ．材料費	
Ⅱ．労務費	
Ⅲ．外注費	
Ⅳ．経費	
完成工事原価	

〔第1問〕

仕訳　記号（A～W）も必ず記入のこと

No.	借　方			貸　方			
	記号	勘定科目	金額	記号	勘定科目	金額	
(例)	B	当座預金	1 0 0 0 0 0	A	現　　金	1 0 0 0 0 0	
(1)	E	有価証券	1 8 7 5 0 0 0	B	当座預金	1 8 7 5 0 0 0	☆☆
(2)	N	外注費	1 0 0 0 0 0 0	J H	受取手形 工事未払金	4 5 0 0 0 0 5 5 0 0 0 0	☆ ☆
(3)	W S	貸倒引当金 貸倒損失	9 0 0 0 0 0 5 0 0 0 0 0	G	完成工事未収入金	1 4 0 0 0 0 0	☆ ☆
(4)	R	機械装置	5 9 8 0 0 0	B D	当座預金 当座借越	3 3 3 0 0 0 2 6 5 0 0 0	☆ ☆
(5)	M	損　　益	8 5 0 0 0 0	C	資本金	8 5 0 0 0 0	☆ ☆

予想採点基準：☆…2点×10＝20点

(1)　株式を買い入れたので，「有価証券」で処理します。なお，手数料は取得原価に含めます。

(2)　手持ちの約束手形を裏書譲渡したので，「受取手形」を減少させます。残りは翌月払いであり，外注作業の支払いは工事に係るものなので，「工事未払金」で処理します。

(3)　貸倒引当金の残高を超える金額の貸倒れは「貸倒損失」で処理します。

(4)　勘定科目群より，二勘定制で処理すると判断します。当座預金の残高を超える金額は「当座借越」で処理します。

(5)　当期純利益となる場合，損益勘定は貸方残高となり，その残高を資本金勘定に振り替えます。

〔第2問〕

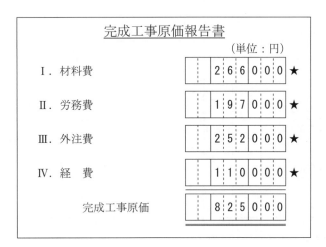

完成工事原価報告書

（単位：円）

Ⅰ．材料費	2 6 6 0 0 0	★
Ⅱ．労務費	1 9 7 0 0 0	★
Ⅲ．外注費	2 5 2 0 0 0	★
Ⅳ．経費	1 1 0 0 0 0	★
完成工事原価	8 2 5 0 0 0	

予想採点基準：★…3点×4＝12点

原価計算表

(単位：円)

摘要	A工事 前期繰越	A工事 当期発生	B工事 前期繰越	B工事 当期発生	C工事 当期発生	D工事 当期発生	合計
材料費	❸48,000	140,000	54,000	❸33,000	❸78,000	❶92,000	445,000
労務費	50,000	103,000	❸27,000	58,000	❷44,000	52,000	334,000
外注費	❸70,000	❷84,000	❸75,000	90,000	98,000	37,000	❸454,000
経費	20,000	32,000	❶13,000	28,000	58,000	33,000	184,000
合計	188,000	❸359,000	169,000	❸209,000	278,000	214,000	❸1,417,000
期末の状況	完成・引渡完了		未完成		完成・引渡完了	未完成	

❶ タテ計とヨコ計から単純に算定できるところを埋めます。

❷ ❶の結果と他の資料（本問では，未成工事支出金勘定の金額）から算定できるところを埋めます。

❸ 上記の結果，算定できるところを埋めて，原価計算表を完成させます。完成工事原価報告書には，当期に完成したAおよびC工事の原価を費目別に集計します。

〔第3問〕

合計試算表

平成×年3月31日現在　　　　　　　　　　(単位：円)

(ウ)合計	(イ)当月取引高	(ア)前月繰越高	勘定科目	(ア)前月繰越高	(イ)当月取引高	(ウ)合計
☆2,391,900	450,000	1,941,900	現　金	1,623,900	158,000	1,781,900
☆4,837,000	1,355,000	3,482,000	当座預金	2,859,000	720,000	3,579,000
1,518,800		1,518,800	受取手形	1,158,800	360,000	☆1,518,800
☆4,767,000	300,000	4,467,000	完成工事未収入金	3,684,000	500,000	4,184,000
☆485,900	351,000	134,900	材　料		38,000	173,000	211,000
313,000		313,000	機械装置			
99,000		99,000	備　品			
1,102,000	240,000	862,000	支払手形	1,102,000		☆1,102,000
721,000	453,000	268,000	工事未払金	398,000	601,000	☆999,000
200,000	200,000		借入金	600,000	500,000	1,100,000
276,000	200,000	76,000	未成工事受入金	209,800	300,000	☆509,800
			資本金	1,000,000		1,000,000
			完成工事高	947,000	500,000	☆1,447,000
☆202,700	108,000	94,700	材料費		58,000	58,000
☆128,500	78,000	50,500	労務費			
☆294,800	250,000	44,800	外注費			
☆53,900	20,000	33,900	経費			
☆93,200	60,000	33,200	給料			
			雑収入	1,200		1,200
☆7,000	5,000	2,000	支払利息			
17,491,700	3,870,000	13,621,700		13,621,700	3,870,000	17,491,700

予想採点基準：☆…2点×15＝30点

第37回建設業経理事務士検定試験

3級試験問題

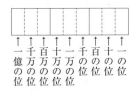

〔第1問〕　長野工務店の次の各取引について仕訳を示しなさい。使用する勘定科目は下記の ＜勘定科目群＞ から選び、その記号（A～X）と勘定科目を書くこと。なお、解答は次に掲げた（例）に対する解答例にならって記入しなさい。

(20点)

（例）　現金¥100,000 を当座預金に預け入れた。

(1)　A社に対する貸付金の回収として郵便為替証書¥50,000 を受け取った。

(2)　現金過不足としていた¥30,000 のうち¥13,000 は本社事務員の旅費であり、残額は現場作業員の旅費と判明した。

(3)　現場作業員の賃金¥350,000 から所得税源泉徴収分¥25,000 と立替金¥20,000 を差し引き、残額を現金で支払った。

(4)　工事が完成したため発注者に引渡し、代金のうち¥350,000 については前受金と相殺し、残額¥950,000 を請求した。

(5)　建設現場で使用する機械¥1,000,000 を購入し、代金のうち¥730,000 は現金で支払い、残額は翌月末払いとした。

＜勘定科目群＞

A　現金	B　当座預金	C　未成工事受入金	D　仮受金	E　工事未払金
F　貸付金	G　現金過不足	H　外注費	J　完成工事高	K　完成工事未収入金
L　未払金	M　経費	N　給料	Q　立替金	R　労務費
S　機械装置	T　材料費	U　材料	W　預り金	X　旅費交通費

〔第2問〕　次の＜資料＞に基づき、下記の問に解答しなさい。

(12点)

＜資料＞

1．平成 × 年3月の工事原価計算表

工事原価計算表
平成 × 年3月

（単位：円）

摘　要	A工事		B工事		C工事		D工事	合　計
	前月繰越	当月発生	前月繰越	当月発生	前月繰越	当月発生	当月発生	
材 料 費	34,900	× × ×	99,300	49,600	× × ×	36,200	75,200	418,700
労 務 費	17,700	83,300	56,200	× × ×	26,900	48,900	65,200	317,400
外 注 費	13,300	16,000	34,200	19,700	× × ×	56,300	× × ×	× × ×
経 費	9,500	24,300	× × ×	× × ×	18,600	25,300	12,300	149,700
合 計	× × ×	179,600	× × ×	131,600	169,000	× × ×	187,800	× × ×
備 考	完 成		完 成		未 完 成		未 完 成	

2．A工事・B工事・C工事は前月より着手している。

3．前月より繰り越した未成工事支出金の残高は¥450,700 であった。

問1　前月発生の外注費を計算しなさい。

問2　当月の完成工事原価を計算しなさい。

問3　当月末の未成工事支出金の残高を計算しなさい。

問4　当月の完成工事原価報告書に示される材料費を計算しなさい。

第37回建設業経理事務士検定試験

解答用紙

〔第1問〕

仕訳　記号（A～X）も記入のこと

No.	借　方			貸　方		
	記号	勘 定 科 目	金　額	記号	勘 定 科 目	金　額
(例)	B	当 座 預 金	100000	A	現　　金	100000
(1)						
(2)						
(3)						
(4)						
(5)						

〔第2問〕

問1　¥ [　　　]　　　　問2　¥ [　　　]

問3　¥ [　　　]　　　　問4　¥ [　　　]

〔第1問〕

仕訳　記号（A～X）も記入のこと

No.	借　方			貸　方			
	記号	勘 定 科 目	金　額	記号	勘 定 科 目	金　額	
(例)	B	当 座 預 金	1 0 0 0 0 0	A	現　　　金	1 0 0 0 0 0	
(1)	A	現　　　　　金	5 0 0 0 0	F	貸　付　金	5 0 0 0 0	☆ ☆
(2)	X M	旅 費 交 通 費 経　　　　　費	1 3 0 0 0 1 7 0 0 0	G	現 金 過 不 足	3 0 0 0 0	☆ ☆
(3)	R	労　　務　　費	3 5 0 0 0 0	W Q A	預　　り　　金 立　　替　　金 現　　　　　金	2 5 0 0 0 2 0 0 0 0 3 0 5 0 0 0	☆ ☆
(4)	C K	未 成 工 事 受 入 金 完 成 工 事 未 収 入 金	3 5 0 0 0 0 9 5 0 0 0 0	J	完 成 工 事 高	1 3 0 0 0 0 0	☆ ☆
(5)	S	機　械　装　置	1 0 0 0 0 0 0	A L	現　　　　　金 未　　払　　金	7 3 0 0 0 0 2 7 0 0 0 0	☆ ☆

予想採点基準：☆…2点×10＝20点

(1) 郵便為替証書は通貨代用証券となり，「現金」で処理します。
(2) 本社事務員の旅費は「旅費交通費」，現場作業員の旅費は「経費」で処理します。
(3) 現場作業員の賃金は「労務費」で処理します。賃金の総額から，所得税源泉徴収分と立替金を差し引いた金額を現金で支払うことになります。
(4) 前受金の受取時に「未成工事受入金」で処理しています。残額は「完成工事未収入金」で処理します。
(5) 固定資産（機械）の購入は，通常の営業取引以外の取引から発生した債務となるため，「未払金」で処理します。

〔第2問〕

問1　¥ ★ 1 0 3 5 0 0 　　　　　問2　¥ ★ 5 9 2 9 0 0

問3　¥ ★ 5 2 3 5 0 0 　　　　　問4　¥ ★ 2 3 9 8 0 0

予想採点基準：★…3点×4＝12点

解答-1

工事原価計算表
平成×年3月

(単位：円)

摘要	A工事		B工事		C工事		D工事	合計
	前月繰越	当月発生	前月繰越	当月発生	前月繰越	当月発生	当月発生	
材料費	34,900	❶ 56,000	99,300	49,600	❷ 67,500	36,200	75,200	418,700
労務費	17,700	83,300	56,200	❶ 19,200	26,900	48,900	65,200	317,400
外注費	13,300	16,000	34,200	19,700	❸ 56,000	56,300	❶ 35,100	❸ 230,600
経費	9,500	24,300	❸ 16,600	❷ 43,100	18,600	25,300	12,300	149,700
合計	❶ 75,400	179,600	❷ 206,300	131,600	169,000	❶ 166,700	187,800	❸ 1,116,400
備考	完成		完成		未完成		未完成	

❶　タテ計とヨコ計から単純に算定できるところを埋めます。

❷　❶の結果と他の資料（本問では，未成工事支出金の残高）から算定できるところを埋めます。

❸　上記の結果，算定できるところを埋めて，工事原価計算表を完成させます。完成工事原価報告書には，当月に完成したAおよびB工事の原価を費目別に集計します。

〔第3問〕

合計残高試算表
平成×年12月30日現在

(単位：円)

	借　方			勘定科目	貸　方		
	残　高		合　計		合　計		残　高
☆	664,000		1,299,000	現　金	635,000		
☆	959,000		3,110,000	当座預金	2,151,000		
☆	854,000		2,766,000	受取手形	1,912,000		
☆	183,000		1,523,000	完成工事未収入金	1,340,000		
☆	333,000		826,000	材料	493,000		
	555,000		555,000	機械装置			
	498,000		498,000	備品			
			130,000	支払手形	2,803,000	☆	1,503,000
			798,000	工事未払金	1,276,000	☆	478,000
			1,636,000	借入金	3,322,000	☆	1,686,000
			1,199,000	未成工事受入金	1,933,000	☆	734,000
				資本金	1,000,000		1,000,000
				完成工事高	4,650,000	☆	4,650,000
☆	2,375,000		2,375,000	材料費			
	1,399,000		1,399,000	労務費			
☆	1,145,000		1,145,000	外注費			
☆	665,000		665,000	経費			
	333,000		333,000	給料			
☆	49,000		49,000	通信費			
☆	39,000		39,000	支払利息			
	10,051,000		21,515,000		21,515,000		10,051,000

予想採点基準：☆…2点×15＝30点

第３８回建設業経理事務士検定試験

３級試験問題

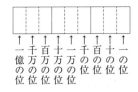

〔第1問〕　栃木工務店の次の各取引について仕訳を示しなさい。使用する勘定科目は下記の ＜勘定科目群＞ から選び、その記号（A～U）と勘定科目を書くこと。なお、解答は次に掲げた（例）に対する解答例にならって記入しなさい。

(20 点)

（例）　現金￥100,000 を当座預金に預け入れた。

(1)　本社建物の補修を行い、その代金￥1,800,000 を小切手を振り出して支払った。このうち￥400,000 は修繕のための支出であり、残額は改良のための支出である。

(2)　倉庫に搬入した材料の代金のうち、￥1,200,000 については手持ちの約束手形を裏書譲渡し、残額￥300,000 は翌月払いとした。

(3)　現場へ搬入した建材の一部（代金は未払い）に不良品があったため、￥55,000 分の返品をした。

(4)　先月購入した建設用機械の未払代金￥3,000,000 及び本社倉庫に保管している材料の未払代金￥300,000 を共に小切手を振り出して支払った。

(5)　決算に際して、当期純利益￥530,000 を資本金勘定に振り替えた。

＜勘定科目群＞

A　現金	B　当座預金	C　受取手形	D　建物	E　材料
F　機械装置	G　未成工事受入金	H　工事未払金	J　未払金	K　支払手形
L　前渡金	M　資本金	N　材料費	Q　外注費	R　修繕維持費
S　減価償却費	T　完成工事高	U　損益		

〔第2問〕　下記の原価計算表と未成工事支出金勘定に基づき、解答用紙の完成工事原価報告書を作成しなさい。　　　（12 点）

原価計算表
平成 ×年3月

(単位：円)

摘　要	101号工事 前期繰越	101号工事 当期発生	102号工事 前期繰越	102号工事 当期発生	103号工事 当期発生	104号工事 当期発生	合　計
材　料　費	210,000	×××	66,000	98,000	153,000	101,000	786,000
労　務　費	×××	105,000	54,000	×××	108,000	×××	×××
外　注　費	115,000	×××	52,000	55,000	×××	79,000	427,000
経　　　費	95,000	67,000	×××	36,000	35,000	×××	315,000
合　　計	560,000	406,000	×××	×××	×××	326,000	×××
期末の状況	完　成		未　完　成		完　成	未　完　成	

未成工事支出金

前 期 繰 越	756,000	完成工事原価	×××
材　料　費	×××	次 期 繰 越	×××
労　務　費	381,000		
外　注　費	×××		
経　　　費	×××		
	×××		×××

第 38 回建設業経理事務士検定試験

解答用紙

〔第1問〕

仕訳　記号（A～U）も必ず記入のこと

No.	借　方			貸　方		
	記号	勘 定 科 目	金 額	記号	勘 定 科 目	金 額
(例)	B	当 座 預 金	1 0 0 0 0 0	A	現　　金	1 0 0 0 0 0
(1)						
(2)						
(3)						
(4)						
(5)						

〔第2問〕

完成工事原価報告書

（単位：円）

Ⅰ．材料費	
Ⅱ．労務費	
Ⅲ．外注費	
Ⅳ．経　費	
完成工事原価	

〔第1問〕

仕訳　記号（A～U）も必ず記入のこと

No.	借　方			貸　方			
	記号	勘 定 科 目	金　額	記号	勘 定 科 目	金　額	
（例）	B	当 座 預 金	1 0 0 0 0 0	A	現　金	1 0 0 0 0 0	
(1)	R	修 繕 維 持 費	4 0 0 0 0 0	B	当 座 預 金	1 8 0 0 0 0 0	☆
	D	建　物	1 4 0 0 0 0 0				☆
(2)	E	材　料	1 5 0 0 0 0 0	C	受 取 手 形	1 2 0 0 0 0 0	☆
				H	工 事 未 払 金	3 0 0 0 0 0	☆
(3)	H	工 事 未 払 金	5 5 0 0 0	N	材 料 費	5 5 0 0 0	☆
							☆
(4)	J	未 払 金	3 0 0 0 0 0 0	B	当 座 預 金	3 3 0 0 0 0 0	☆
	H	工 事 未 払 金	3 0 0 0 0 0				☆
(5)	U	損　益	5 3 0 0 0 0	M	資 本 金	5 3 0 0 0 0	☆
							☆

予想採点基準：☆…2点×10＝20点

(1) 修繕のための支出は「修繕維持費」，改良のための支出は「建物」で処理します。

(2) 約束手形を裏書譲渡しているので，「受取手形」の減少となります。

(3) 現場へ搬入した建材の返品なので，「材料費」の減少となります。

(4) 建設用機械の未払いは「未払金」，材料の未払いは「工事未払金」で処理しています。

(5) 当期純利益なので，「資本金」の増加となります。

〔第2問〕

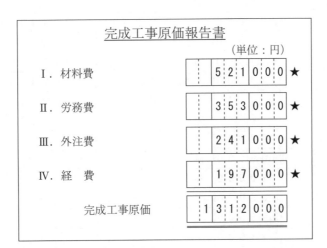

完成工事原価報告書

（単位：円）

Ⅰ．材料費	5 2 1 0 0 0	★
Ⅱ．労務費	3 5 3 0 0 0	★
Ⅲ．外注費	2 4 1 0 0 0	★
Ⅳ．経　費	1 9 7 0 0 0	★
完成工事原価	1 3 1 2 0 0 0	

予想採点基準：★…3点×4＝12点

原価計算表
平成×年3月

(単位：円)

摘　要	101号工事 前期繰越	101号工事 当期発生	102号工事 前期繰越	102号工事 当期発生	103号工事 当期発生	104号工事 当期発生	合　計
材 料 費	210,000	❶ *158,000*	66,000	98,000	153,000	101,000	786,000
労 務 費	❶ *140,000*	105,000	54,000	❸ *80,000*	108,000	❸ *88,000*	❸ *575,000*
外 注 費	115,000	❷ *76,000*	52,000	55,000	❸ *50,000*	79,000	427,000
経 費	95,000	67,000	❸ *24,000*	36,000	35,000	❸ *58,000*	315,000
合 計	560,000	406,000	❷ *196,000*	❸ *269,000*	❸ *346,000*	326,000	❸ *2,103,000*
期末の状況	完 成		未 完 成		完 成	未 完 成	

❶　タテ計とヨコ計から単純に算定できるところを埋めます。

❷　❶の結果と他の資料（本問では，未成工事支出金勘定の残高）から算定できるところを埋めます。

❸　上記の結果，算定できるところを埋めて，原価計算表を完成させます。完成工事原価報告書には，当期に完成した101号および103号工事の原価を費目別に集計します。

〔第3問〕

合計残高試算表
平成×年7月31日現在

(単位：円)

	借　方 残　高	借　方 合　計	勘定科目	貸　方 合　計	貸　方 残　高
☆	838,000	2,318,000	現　　金	1,480,000	
☆	2,231,000	4,229,000	当 座 預 金	1,998,000	
☆	366,000	1,986,000	受 取 手 形	1,620,000	
☆	1,367,000	2,568,000	完成工事未収入金	1,201,000	
☆	456,000	1,357,000	材　　料	901,000	
	1,550,000	1,550,000	機 械 装 置		
	780,000	780,000	備　　品		
		1,330,000	支 払 手 形	2,344,000	☆ 1,014,000
		1,245,000	工 事 未 払 金	2,339,000	☆ 1,094,000
		987,000	借 入 金	3,747,000	☆ 2,760,000
		1,024,000	未成工事受入金	1,698,000	☆ 674,000
			資 本 金	3,000,000	3,000,000
			完 成 工 事 高	5,738,000	☆ 5,738,000
☆	1,672,000	1,672,000	材 料 費		
☆	1,606,000	1,606,000	労 務 費		
☆	1,420,000	1,420,000	外 注 費		
☆	688,000	688,000	経 費		
☆	996,000	996,000	給 料		
	277,000	277,000	支 払 家 賃		
	33,000	33,000	支 払 利 息		
	14,280,000	26,066,000		26,066,000	14,280,000

予想採点基準：☆…2点×15＝30点

合　計　試　算　表
平成×年7月20日現在

(単位：円)

借　　方	勘　定　科　目	貸　方
+360,000　1,958,000	現　　　　　金	925,000　+280,000+240,000+35,000
+799,000+400,000+150,000　2,880,000	当　座　預　金	1,623,000　+95,000+280,000
1,986,000	受　取　手　形	1,220,000　+400,000
+1,300,000　1,268,000	完成工事未収入金	841,000　+360,000
+205,000　1,152,000	材　　　　　料	754,000　+147,000
1,550,000	機　械　装　置	
780,000	備　　　　　品	
+280,000　1,050,000	支　払　手　形	1,988,000　+356,000
+356,000　889,000	工　事　未　払　金	1,866,000　+205,000+268,000
987,000	借　　入　　金	2,947,000　+800,000
+200,000　824,000	未成工事受入金	1,548,000　+150,000
	資　　本　　金	3,000,000
	完　成　工　事　高	4,238,000　+1,500,000
+147,000　1,525,000	材　　料　　費	
+280,000　1,326,000	労　　務　　費	
+268,000　1,152,000	外　　注　　費	
+35,000　653,000	経　　　　　費	
+240,000　756,000	給　　　　　料	
+95,000　182,000	支　払　家　賃	
+1,000　32,000	支　払　利　息	
20,950,000		20,950,000
5,116,000		5,116,000

〔第4問〕

記号（ア～シ）

a	b	c	d	e
ア	エ	コ	ク	サ
☆	☆	☆	☆	☆

予想採点基準：☆…2点×5＝10点

〔第5問〕

精　算　表

（単位：円）

勘定科目	残高試算表 借方	残高試算表 貸方	整理記入 借方	整理記入 貸方	損益計算書 借方	損益計算書 貸方	貸借対照表 借方	貸借対照表 貸方
現　　　金	380000						380000	
当 座 預 金	486000						486000	
受 取 手 形	653000						653000	
完成工事未収入金	537000						537000	
貸 倒 引 当 金		11800		12000				☆23800
有 価 証 券	317000			32000			☆285000	
未成工事支出金	453000		2207800	2462800			☆198000	
材　　　料	352000						352000	
貸 付 金	280000						280000	
機 械 装 置	840000						840000	
機械装置減価償却累計額		360000		120000				☆480000
備　　　品	400000						400000	
備品減価償却累計額		120000		30000				☆150000
支 払 手 形		782000						782000
工 事 未 払 金		623000						623000
借 入 金		486000						486000
未成工事受入金		387000						387000
資 本 金		1000000						1000000
完 成 工 事 高		3288000				3288000		
受 取 利 息		18000		4000		☆22000		
材 料 費	767600			767600				
労 務 費	628000			628000				
外 注 費	495000			495000				
経 費	197200		120000	317200				
保 険 料	70000				70000			
支 払 利 息	48000		3500		☆51500			
その他の費用	17200				17200			
	7075800	7075800						
完成工事原価			2462800		☆2462800			
貸倒引当金繰入額			12000		☆12000			
有価証券評価損			32000		☆32000			
減 価 償 却 費			30000		☆30000			
未 収 利 息			4000				☆4000	
未 払 利 息				3500				☆3500
			4872100	4872100	2830300	3310000	4415000	3935300
当 期 （純利益）					☆479700			479700
					3310000	3310000	4415000	4415000

予想採点基準：☆…2点×14＝28点

〔第3問〕

合計残高試算表

平成 × 年 7 月 31 日現在　　　　　　　　　　（単位：円）

借　　　方		勘 定 科 目	貸　　　方	
残　　高	合　　計		合　　計	残　　高
		現　　　　　　金		
		当 座 預 金		
		受 取 手 形		
		完成工事未収入金		
		材　　　　　料		
		機 械 装 置		
		備　　　　　品		
		支 払 手 形		
		工 事 未 払 金		
		借　　入　　金		
		未成工事受入金		
		資　　本　　金		
		完 成 工 事 高		
		材　　料　　費		
		労　　務　　費		
		外　　注　　費		
		経　　　　　費		
		給　　　　　料		
		支 払 家 賃		
		支 払 利 息		

〔第4問〕

記号（ア～シ）

a	b	c	d	e

〔第5問〕

精　算　表

(単位：円)

勘 定 科 目	残 高 試 算 表		整 理 記 入		損 益 計 算 書		貸 借 対 照 表	
	借 方	貸 方	借 方	貸 方	借 方	貸 方	借 方	貸 方
現　　　　　金	380000							
当 座 預 金	486000							
受 取 手 形	653000							
完 成 工 事 未 収 入 金	537000							
貸 倒 引 当 金		11800						
有 価 証 券	317000							
未 成 工 事 支 出 金	453000							
材　　　　　料	352000							
貸　　付　　金	280000							
機 械 装 置	840000							
機械装置減価償却累計額		360000						
備　　　　　品	400000							
備品減価償却累計額		120000						
支 払 手 形		782000						
工 事 未 払 金		623000						
借　　入　　金		486000						
未 成 工 事 受 入 金		387000						
資　　本　　金		1000000						
完 成 工 事 高		3288000						
受 取 利 息		18000						
材　　料　　費	767600							
労　　務　　費	628000							
外　　注　　費	495000							
経　　　　　費	197200							
保　　険　　料	70000							
支 払 利 息	48000							
その他の費用	172000							
	7075800	7075800						
完 成 工 事 原 価								
貸倒引当金繰入額								
有 価 証 券 評 価 損								
減 価 償 却 費								
未 収 利 息								
未 払 利 息								
当　期（　　　　）								

〔第3問〕　次の＜資料1＞及び＜資料2＞に基づき、解答用紙の合計残高試算表（平成 x 年 7 月 31 日現在）を完成しなさい。
　　　　　なお、材料は購入のつど材料勘定に記入し、現場搬入の際に材料費勘定に振り替えている。　　　　　（30 点）

＜資料1＞

合 計 試 算 表
平成 x 年 7 月 20 日現在

（単位：円）

借　方	勘 定 科 目	貸　方
1,958,000	現　　　　　　　金	925,000
2,880,000	当　座　預　金	1,623,000
1,986,000	受　取　手　形	1,220,000
1,268,000	完 成 工 事 未 収 入 金	841,000
1,152,000	材　　　　　　　料	754,000
1,550,000	機　械　装　置	
780,000	備　　　　　　　品	
1,050,000	支　払　手　形	1,988,000
889,000	工　事　未　払　金	1,866,000
987,000	借　　入　　金	2,947,000
824,000	未 成 工 事 受 入 金	1,548,000
	資　　本　　金	3,000,000
	完　成　工　事　高	4,238,000
1,525,000	材　　料　　費	
1,326,000	労　　務　　費	
1,152,000	外　　注　　費	
653,000	経　　　　　　　費	
756,000	給　　　　　　　料	
182,000	支　払　家　賃	
32,000	支　払　利　息	
20,950,000		20,950,000

＜資料2＞　平成 x 年 7 月 21 日から 7 月 31 日までの取引

21 日　工事契約が成立し、前受金として￥150,000 が当座預金に振り込まれた。
　〃　　工事の未収代金￥360,000 を小切手で受け取った。
23 日　取立依頼中の約束手形￥400,000 が支払期日につき、当座預金に入金になった旨の通知を受けた。
　〃　　材料￥205,000 を掛けで購入し、本社倉庫に搬入した。
24 日　本社事務所の家賃￥95,000 を小切手を振り出して支払った。
　〃　　下請業者から外注作業完了の報告があり、その代金￥268,000 の請求を受けた。
25 日　現場作業員の賃金￥280,000 を現金で支払った。
　〃　　本社事務員の給料￥240,000 を現金で支払った。
27 日　材料￥147,000 が本社倉庫より現場に搬入された。
　〃　　現場の電気代￥35,000 を現金で支払った。
28 日　工事が完成して発注者へ引き渡し、工事代金￥1,500,000 のうち、前受金￥200,000 を差し引いた残金を請求した。
　〃　　外注工事の未払代金の支払いのため、約束手形￥356,000 を振り出した。
30 日　当社振り出しの約束手形￥280,000 が支払期日につき、当座預金から引き落とされた。
31 日　銀行から￥800,000 の借入を行い、その利息￥1,000 が差し引かれたうえで、当座預金に入金となった。

〔第4問〕　次の文の □□□ の中に入る最も適当な用語を下記の<用語群>の中から選び、その記号（ア～シ）を記入しなさい。　(10点)

(1)　固定資産の減価償却総額は、当該資産の □ a □ から □ b □ を差し引いて計算される。

(2)　□ c □ は、工事毎に発生した原価を集計できるように工夫された帳簿であり、□ d □ の補助元帳としての機能を果たしている。

(3)　回収不能となった売上債権は簿記上、□ e □ 勘定で処理をする。

　　　<用語群>
　　　　ア　取得原価　　　　イ　時価　　　　ウ　完成工事高　　　エ　残存価額
　　　　オ　完成工事原価　　カ　工事原価　　キ　材料元帳　　　　ク　未成工事支出金
　　　　コ　工事台帳　　　　サ　貸倒損失　　シ　減価償却費

〔第5問〕　次の<決算整理事項等>により、解答用紙に示されている熊本工務店の当会計年度（平成×年1月1日～平成×年12月31日）に係る精算表を完成しなさい。なお、工事原価は未成工事支出金勘定を経由して処理する方法によっている。　(28点)

　　　<決算整理事項等>
　　　(1)　減価償却費を次のとおり計上する。　　機械装置（工事現場用）¥120,000
　　　　　　　　　　　　　　　　　　　　　　　備品（一般管理部門用）¥ 30,000

　　　(2)　有価証券の時価は¥285,000であり、評価損を計上する。

　　　(3)　受取手形と完成工事未収入金の合計額に対して2%の貸倒引当金を設定する（差額補充法）。

　　　(4)　貸付金に対する利息の未収分は¥4,000である。

　　　(5)　借入金に対する利息の未払分は¥3,500である。

　　　(6)　未成工事支出金の次期繰越額は¥198,000である。

合 計 試 算 表
平成×年 12 月 20 日現在

(単位：円)

借　方		勘 定 科 目	貸　方	
+300,000	999,000	現　　　　　金	560,000	+30,000+45,000
+480,000+500,000	2,130,000	当 座 預 金	1,600,000	+15,000+536,000
+700,000	2,066,000	受 取 手 形	1,432,000	+480,000
	1,523,000	完成工事未収入金	840,000	+500,000
+130,000	696,000	材　　　　　料	393,000	+50,000+50,000
	555,000	機 械 装 置		
	498,000	備　　　　　品		
	1,300,000	支 払 手 形	2,523,000	+280,000
+280,000+45,000+50,000	423,000	工 事 未 払 金	956,000	+130,000+190,000
+523,000	1,113,000	借　入　金	3,322,000	
+300,000	899,000	未成工事受入金	1,633,000	+300,000
		資　本　金	1,000,000	
		完 成 工 事 高	3,650,000	+1,000,000
+50,000	2,325,000	材　料　費		
	1,399,000	労　務　費		
+190,000	955,000	外　注　費		
+15,000+30,000	620,000	経　　　費		
	333,000	給　　　料		
	49,000	通　信　費		
+13,000	26,000	支 払 利 息		
	17,909,000		17,909,000	
3,606,000			3,606,000	

〔第4問〕

記号（ア～ス）

a	b	c	d	e
エ	サ	ア	イ	ス
☆	☆	☆	☆	☆

予想採点基準：☆…2点×5＝10点

〔第5問〕

精　算　表

(単位：円)

勘定科目	残高試算表 借方	残高試算表 貸方	整理記入 借方	整理記入 貸方	損益計算書 借方	損益計算書 貸方	貸借対照表 借方	貸借対照表 貸方
現　　　　金	352000			22000			☆330000	
当 座 預 金	498000						498000	
受 取 手 形	591000						591000	
完成工事未収入金	819000						819000	
貸 倒 引 当 金		22400		19900				☆42300
有 価 証 券	254000			21000			☆233000	
未成工事支出金	458000		2804000	2699000			☆563000	
材　　　　料	483000						483000	
貸 付 金	500000						500000	
機 械 装 置	762000						762000	
機械装置減価償却累計額		246000		98000				☆344000
備　　　　品	468000						468000	
備品減価償却累計額		84000		22000				☆106000
支 払 手 形		794000						794000
工 事 未 払 金		433000						433000
借 入 金		398000						398000
未成工事受入金		199000						199000
資 本 金		2500000						2500000
完 成 工 事 高		3684000				3684000		
受 取 利 息		9800				9800		
材 料 費	994000			994000				
労 務 費	659000			659000				
外 注 費	556000			556000				
経 費	497000		98000	595000				
支 払 家 賃	159000			9400	☆149600			
支 払 利 息	13200				13200			
その他の費用	307000				307000			
	8370200	8370200						
完 成 工 事 原 価			2699000		☆2699000			
貸倒引当金繰入額			19900		☆19900			
減 価 償 却 費			22000		☆22000			
雑 損 失			22000		☆22000			
有価証券評価損			21000		☆21000			
前 払 家 賃			9400				☆9400	
			5695300	5695300	3253700	3693800	5256400	4816300
当期（純利益）					☆440100			440100
					3693800	3693800	5256400	5256400

予想採点基準：☆…2点×14＝28点

〔第3問〕

合計残高試算表
平成×年12月30日現在　　　　　　　　（単位：円）

借　　方		勘 定 科 目	貸　　方	
残　高	合　計		合　計	残　高
		現　　　　　金		
		当 座 預 金		
		受 取 手 形		
		完成工事未収入金		
		材　　　料		
		機 械 装 置		
		備　　　品		
		支 払 手 形		
		工 事 未 払 金		
		借　入　金		
		未成工事受入金		
		資　本　金		
		完 成 工 事 高		
		材　料　費		
		労　務　費		
		外　注　費		
		経　　　費		
		給　　　料		
		通　信　費		
		支 払 利 息		

〔第4問〕

記号（ア～ス）

a	b	c	d	e

精　算　表

(単位：円)

勘 定 科 目	残 高 試 算 表		整 理 記 入		損 益 計 算 書		貸 借 対 照 表	
	借　方	貸　方	借　方	貸　方	借　方	貸　方	借　方	貸　方
現　　　　　　金	352000							
当 座 預 金	498000							
受 取 手 形	591000							
完成工事未収入金	819000							
貸 倒 引 当 金		22400						
有 価 証 券	254000							
未成工事支出金	458000							
材　　　　　料	483000							
貸 付 金	500000							
機 械 装 置	762000							
機械装置減価償却累計額		246000						
備　　　　　品	468000							
備品減価償却累計額		84000						
支 払 手 形		794000						
工 事 未 払 金		433000						
借 入 金		398000						
未成工事受入金		199000						
資 本 金		2500000						
完 成 工 事 高		3684000						
受 取 利 息		9800						
材 料 費	994000							
労 務 費	659000							
外 注 費	556000							
経　　　　　費	497000							
支 払 家 賃	159000							
支 払 利 息	13200							
その他の費用	307000							
	8370200	8370200						
完 成 工 事 原 価								
貸倒引当金繰入額								
減 価 償 却 費								
雑 損 失								
有価証券評価損								
前 払 家 賃								
当　期(　　　　)								

〔第3問〕　次の＜資料１＞及び＜資料２＞に基づき、解答用紙の合計残高試算表（平成 x 年 12 月 30 日現在）を完成しなさい。
なお、材料は購入のつど材料勘定に記入し、現場搬入の際に材料費勘定に振り替えている。　　　　（30 点）

＜資料１＞

合 計 試 算 表
平成 x 年 12 月 20 日現在

(単位：円)

借　　方	勘 定 科 目	貸　　方
999,000	現　　　　　　金	560,000
2,130,000	当 座 預 金	1,600,000
2,066,000	受 取 手 形	1,432,000
1,523,000	完 成 工 事 未 収 入 金	840,000
696,000	材　　　　　料	393,000
555,000	機 械 装 置	
498,000	備　　　　　品	
1,300,000	支 払 手 形	2,523,000
423,000	工 事 未 払 金	956,000
1,113,000	借　　入　　金	3,322,000
899,000	未 成 工 事 受 入 金	1,633,000
	資　　本　　金	1,000,000
	完 成 工 事 高	3,650,000
2,325,000	材　　料　　費	
1,399,000	労　　務　　費	
955,000	外　　注　　費	
620,000	経　　　　　費	
333,000	給　　　　　料	
49,000	通　　信　　費	
26,000	支 払 利 息	
17,909,000		17,909,000

＜資料２＞　平成 x 年 12 月 21 日から 12 月 30 日までの取引

21 日　工事契約が成立し、前受金 ¥300,000 を現金で受け取った。

22 日　工事の未収代金 ¥500,000 が当座預金に振り込まれた。

23 日　材料 ¥130,000 を掛で購入し、資材倉庫に搬入した。

　〃　　材料 ¥50,000 を資材倉庫より現場に送った。

25 日　外注業者から作業完了の報告があり、外注代金 ¥190,000 の請求を受けた。

26 日　現場の動力費 ¥30,000 を現金で支払った。

　〃　　掛買し、資材倉庫に保管していた材料に不良品があり、¥50,000 の値引きを受けた。

27 日　取立依頼中の約束手形 ¥480,000 が支払期日につき、当座預金に入金になった旨の通知を受けた。

28 日　材料の掛買代金の未払い分 ¥45,000 を現金で支払った。

29 日　現場の電話代 ¥15,000 を支払うため小切手を振り出した。

　〃　　完成した工事を引き渡し、工事代金 ¥1,000,000 のうち前受金 ¥300,000 を差し引いた残額を約束
手形で受け取った。

30 日　材料の掛買代金 ¥280,000 の支払いのため、約束手形を振り出した。

　〃　　借入金 ¥523,000 とその利息 ¥13,000 を支払うため、小切手を振り出した。

〔第4問〕　次の文の　□□□　の中に入る最も適当な用語を下記の＜用語群＞の中から選び、その記号（ア～ス）を解答欄に記入しなさい。　　（10点）

(1)　材料の　a　を把握する方法として継続記録法と　b　がある。

(2)　未収利息は　c　の勘定に属し、未払利息は　d　の勘定に属する。

(3)　完成工事未収入金の回収可能見積額は、その期末残高から　e　を差し引いた額である。

　　＜用語群＞
　　　ア　資産　　　　　イ　負債　　　　ウ　直接記入法　　　エ　消費数量　　　オ　収益
　　　カ　費用　　　　　キ　購入数量　　ク　資本　　　　　　コ　貸倒損失　　　サ　棚卸計算法
　　　シ　間接記入法　　ス　貸倒引当金

〔第5問〕　次の＜決算整理事項等＞により、解答用紙に示されている栃木工務店の当会計年度（平成×年1月1日～平成×年12月31日）に係る精算表を完成しなさい。なお、工事原価は未成工事支出金勘定を経由して処理する方法によっている。　　（28点）

　　＜決算整理事項等＞
　　(1)　機械装置（工事現場用）について¥98,000、備品（一般管理用）について¥22,000の減価償却費を計上する。

　　(2)　有価証券の時価は¥233,000であり、評価損を計上する。

　　(3)　受取手形と完成工事未収入金の合計額に対して3％の貸倒引当金を設定する。（差額補充法）

　　(4)　現金の実際有高は¥330,000であった。差額は雑損失とする。

　　(5)　支払家賃には前払分¥9,400が含まれている。

　　(6)　未成工事支出金の次期繰越額は¥563,000である。

合 計 試 算 表
平成×年 3 月 31 日現在

（単位：円）

借方（加算）	借　方	勘 定 科 目	貸　方	貸方（加算）
＋150,000 ＋300,000	1,941,900	現　　　　　金	1,623,900	＋60,000 ＋78,000 ＋20,000
＋495,000 ＋500,000 ＋360,000	3,482,000	当 座 預 金	2,859,000	＋150,000 ＋330,000 ＋240,000
	1,518,800	受 取 手 形	1,158,800	＋360,000
＋300,000	4,467,000	完成工事未収入金	3,684,000	＋500,000
＋351,000	134,900	材　　　　　料	38,000	＋108,000 ＋65,000
	313,000	機 械 装 置		
	99,000	備　　　　　品		
＋240,000	862,000	支 払 手 形	1,102,000	
＋65,000 ＋58,000 ＋330,000	268,000	工 事 未 払 金	398,000	＋351,000 ＋250,000
	200,000	借　　入　　金	600,000	＋500,000
＋200,000	76,000	未成工事受入金	209,800	＋300,000
		資　　本　　金	1,000,000	
		完 成 工 事 高	947,000	＋500,000
＋108,000	94,700	材　　料　　費		＋58,000
＋78,000	50,500	労　　務　　費		
＋250,000	44,800	外　　注　　費		
＋20,000	33,900	経　　　　　費		
＋60,000	33,200	給　　　　　料		
		雑　　収　　入	1,200	
＋5,000	2,000	支 払 利 息		
	13,621,700		13,621,700	
3,870,000				3,870,000

〔第 4 問〕

記号（ア～ソ）

a	b	c	d	e
サ	オ	セ	コ	イ
☆	☆	☆	☆	☆

予想採点基準：☆…２点×５＝10点

〔第5問〕

精　算　表

(単位：円)

勘定科目	残高試算表 借方	残高試算表 貸方	整理記入 借方	整理記入 貸方	損益計算書 借方	損益計算書 貸方	貸借対照表 借方	貸借対照表 貸方
現　　金	332300			300			332000	
当座預金	448000						448000	
定期預金	100000						100000	
受取手形	531000						531000	
完成工事未収入金	704000						704000	
貸倒引当金		16600		8100				☆24700
有価証券	188900			22500			166400	
未成工事支出金	486000		2964000	3096000			☆354000	
材　　料	283000						283000	
貸付金	413000						413000	
機械装置	800000						800000	
機械装置減価償却累計額		312000		48000				☆360000
備　　品	100000						100000	
備品減価償却累計額		21000		8000				☆29000
支払手形		415000						415000
工事未払金		553000						553000
借入金		598000						598000
未成工事受入金		127000						127000
資本金		2000000						2000000
完成工事高		3784000				3784000		
受取利息		7800		1300		☆9100		
材料費	794000			794000				
労務費	689000			689000				
外注費	836000			836000				
経　　費	597000		48000	645000				
支払家賃	139000			9500	☆129500			
支払利息	6200		3300		☆9500			
その他の費用	387000				387000			
	7834400	7834400						
完成工事原価			3096000		☆3096000			
貸倒引当金繰入額			8100		☆8100			
減価償却費			8000		☆8000			
有価証券評価損			22500		☆22500			
雑損失			300		☆300			
前払家賃			9500				☆9500	
未収利息			1300				1300	
未払利息				3300				3300
			6161000	6161000	3660900	3793100	4242200	4110000
当期（純利益）					☆132200			132200
					3793100	3793100	4242200	4242200

予想採点基準：☆…2点×14＝28点

〔第 3 問〕

合計試算表

平成×年3月31日現在　　　　　　　　　　　　（単位：円）

借　方			勘　定　科　目	貸　方		
（ウ）合計	（イ）当月取引高	（ア）前月繰越高		（ア）前月繰越高	（イ）当月取引高	（ウ）合計
		1 9 4 1 9 0 0	現　　　　　金	1 6 2 3 9 0 0		
		3 4 8 2 0 0 0	当　座　預　金	2 8 5 9 0 0 0		
		1 5 1 8 8 0 0	受　取　手　形	1 1 5 8 8 0 0		
		4 4 6 7 0 0 0	完成工事未収入金	3 6 8 4 0 0 0		
		1 3 4 9 0 0	材　　　　　料	3 8 0 0 0		
		3 1 3 0 0 0	機　械　装　置			
		9 9 0 0 0	備　　　　　品			
		8 6 2 0 0 0	支　払　手　形	1 1 0 2 0 0 0		
		2 6 8 0 0 0	工　事　未　払　金	3 9 8 0 0 0		
		2 0 0 0 0 0	借　　入　　金	6 0 0 0 0 0		
		7 6 0 0 0	未成工事受入金	2 0 9 8 0 0		
			資　　本　　金	1 0 0 0 0 0 0		
			完　成　工　事　高	9 4 7 0 0 0		
		9 4 7 0 0	材　　料　　費			
		5 0 5 0 0	労　　務　　費			
		4 4 8 0 0	外　　注　　費			
		3 3 9 0 0	経　　　　　費			
		3 3 2 0 0	給　　　　　料			
			雑　　収　　入	1 2 0 0		
		2 0 0 0	支　払　利　息			
		1 3 6 2 1 7 0 0		1 3 6 2 1 7 0 0		

〔第 4 問〕

記号　（ア～ソ）

a	b	c	d	e

〔第5問〕

精　算　表

（単位：円）

勘 定 科 目	残高試算表 借 方	残高試算表 貸 方	整 理 記 入 借 方	整 理 記 入 貸 方	損益計算書 借 方	損益計算書 貸 方	貸借対照表 借 方	貸借対照表 貸 方
現　　　　　金	332300							
当 座 預 金	448000							
定 期 預 金	100000							
受 取 手 形	531000							
完成工事未収入金	704000							
貸 倒 引 当 金		16600						
有 価 証 券	188900							
未 成 工 事 支 出 金	486000							
材　　　　料	283000							
貸 付 金	413000							
機 械 装 置	800000							
機械装置減価償却累計額		312000						
備　　　　品	100000							
備品減価償却累計額		21000						
支 払 手 形		415000						
工 事 未 払 金		553000						
借 入 金		598000						
未 成 工 事 受 入 金		127000						
資 本 金		2000000						
完 成 工 事 高		3784000						
受 取 利 息		7800						
材 料 費	794000							
労 務 費	689000							
外 注 費	836000							
経　　　　費	597000							
支 払 家 賃	139000							
支 払 利 息	6200							
そ の 他 の 費 用	387000							
	7834400	7834400						
完 成 工 事 原 価								
貸倒引当金繰入額								
減 価 償 却 費								
有 価 証 券 評 価 損								
雑 損 失								
前 払 家 賃								
未 収 利 息								
未 払 利 息								
当 期（　　　　）								

〔第3問〕　　次に掲げる＜平成×年3月中の取引＞を解答用紙の合計試算表の（イ）当月取引高欄に記入し、次いで（ア）前月
　　　　　　繰越高欄と（イ）の欄を基に（ウ）合計欄に記入しなさい。なお、材料は購入のつど材料勘定に記入し、現場搬入の
　　　　　　際に材料費勘定に振り替えている。　　　　　　　　　　　　　　　　　　　　　　　　　　　　　　　（30点）

＜平成×年3月中の取引＞

　　1 日　手許現金を補充するため、小切手￥150,000を振り出した。

　　3 日　銀行より￥500,000を借り入れ、利息￥5,000を差し引かれた手取額が当座預金に振り込まれた。

　　7 日　福島商事(株)と工事請負契約が成立し、前受金￥300,000を小切手で受け取った。

　　9 日　滋賀建材(株)から材料￥351,000を掛けで購入し、本社倉庫に搬入した。

　 12 日　本社事務員の給料￥60,000、現場作業員の賃金￥78,000を現金で支払った。

　 13 日　工事の未収代金の決済として￥500,000が当座預金に振り込まれた。

　 15 日　材料￥108,000を本社倉庫より現場に搬送した。

　 19 日　外注業者の東西工務店から作業完了の報告があり、外注代金￥250,000の請求を受けた。

　 20 日　9 日に掛けで購入し、本社倉庫で保管していた材料の一部に不良品があり、￥65,000の値引きを受けた。

　 22 日　工事現場の電話代￥20,000を現金で支払った。

　 23 日　取立依頼中の約束手形￥360,000が支払期日につき、当座預金へ入金となった旨の通知を受けた。

　 25 日　9 日に掛けで購入し、15 日に現場に搬送した材料の一部に品違いがあり、現場より￥58,000返品した。

　 26 日　材料の掛買代金支払のため、小切手￥330,000を振り出した。

　 28 日　当社振り出しの約束手形￥240,000が支払期日につき、当座預金から引き落とされた。

　 30 日　請負代金￥500,000の工事が完成したので、発注者へ引き渡し、前受金￥200,000を相殺した残額を請求した。

〔第4問〕　　次の文章の 　　　　　 の中に入る適当な用語を下記の＜用語群＞の中から選び、その記号（ア～ソ）を解答用紙の所
　　　　　　定の欄に記入しなさい。　　　　　　　　　　　　　　　　　　　　　　　　　　　　　　　　　　　（10点）

　（1）　株式配当金領収証、郵便為替証書は 　a　 勘定で処理する。

　（2）　前受利息は 　b　 の勘定に属し、前払利息は 　c　 の勘定に属する勘定科目である。

　（3）　固定資産の補修において、当該資産の能率を増進するための支出は 　d　 と呼ばれ、原状を回復するための支出
　　　は 　e　 と呼ばれる。

＜用語群＞

ア	収益	イ	収益的支出	ウ	小切手	エ	経費	オ	負債
カ	資本	キ	未成工事支出金	ク	費用	コ	資本的支出	サ	現金
シ	工事原価	ス	当座預金	セ	資産	ソ	普通預金		

〔第 5 問〕　次の ＜決算整理事項等＞ により、解答用紙に示されている大宮工務店の当会計年度（平成x年 1 月 1 日〜平成x年 12 月 31 日）に係る精算表を完成しなさい。なお、工事原価は未成工事支出金勘定を経由して処理する方法によっている。

(28 点)

＜決算整理事項等＞

(1)　機械装置（工事現場用）について¥48,000、備品（一般管理用）について¥8,000 の減価償却費を計上する。

(2)　有価証券の時価は¥166,400 である。評価損を計上する。

(3)　受取手形と完成工事未収入金の合計額に対して 2%の貸倒引当金を設定する。（差額補充法）

(4)　支払家賃には前払分¥9,500 が含まれている。

(5)　現金の実際手許有高は¥332,000 であったため、不足額は雑損失とする。

(6)　期末において、定期預金の未収利息¥1,300 と借入金の未払利息¥3,300 がある。

(7)　未成工事支出金の次期繰越額は¥354,000 である。

合 計 試 算 表

平成×年 6 月 20 日現在

（単位：円）

借　　方		勘 定 科 目	貸　　方	
+100,000	726,000	現　　　　　金	258,000	+180,000+140,000+25,000
+299,000+100,000+160,000	945,000	当 座 預 金	448,000	+180,000
	624,000	受 取 手 形	386,000	+100,000
+400,000	557,000	完成工事未収入金	328,000	+160,000
+65,000	450,000	材　　　　　料	185,000	+58,000
	390,000	機 械 装 置		
	210,000	備　　　　　品		
+180,000	320,000	支 払 手 形	689,000	+200,000
+200,000	165,000	工 事 未 払 金	480,000	+65,000+150,000
	287,000	借　 入　 金	668,000	+300,000
+150,000	261,000	未成工事受入金	543,000	+100,000
		資　　本　　金	1,500,000	
		完 成 工 事 高	2,350,000	+550,000
+58,000	823,000	材　　料　　費		
+180,000	793,000	労　　務　　費		
+150,000	785,000	外　　注　　費		
	308,000	経　　　　　費		
+140,000	160,000	給　　　　　料		
+25,000	25,000	支 払 家 賃		
		雑　　収　　入	5,000	
+1,000	11,000	支 払 利 息		
	7,840,000		7,840,000	
2,208,000			2,208,000	

〔第4問〕

記号（ア～ス）

a	b	c	d	e
カ	コ	オ	サ	イ
☆	☆	☆	☆	☆

予想採点基準：☆…2点×5＝10点

〔第5問〕

精　算　表

(単位：円)

勘定科目	残高試算表 借方	残高試算表 貸方	整理記入 借方	整理記入 貸方	損益計算書 借方	損益計算書 貸方	貸借対照表 借方	貸借対照表 貸方
現　　　　　金	320000						320000	
当 座 預 金	520000						520000	
受 取 手 形	448000						448000	
完成工事未収入金	382000						382000	
貸 倒 引 当 金		10600		6000				☆16600
有 価 証 券	388000			38000			☆350000	
未成工事支出金	491000		1949000	2060000			☆380000	
材　　　　　料	356000						356000	
貸 付 金	230000						230000	
機 械 装 置	650000						650000	
機械装置減価償却累計額		240000		48000				☆288000
備　　　　　品	430000						430000	
備品減価償却累計額		155000		31000				☆186000
支 払 手 形		527000						527000
工 事 未 払 金		683000						683000
借 入 金		348000						348000
未成工事受入金		368000						368000
資 本 金		1000000						1000000
完 成 工 事 高		2984000				2984000		
受 取 利 息		21000		2400		☆23400		
材 料 費	736000			736000				
労 務 費	528000			528000				
外 注 費	456000			456000				
経　　　　　費	181000		48000	229000				
保 険 料	36600			4000	☆32600			
支 払 利 息	30000				30000			
その他の費用	154000				154000			
	6336600	6336600						
完 成 工 事 原 価			2060000		☆2060000			
貸倒引当金繰入額			6000		☆6000			
有価証券評価損			38000		☆38000			
減 価 償 却 費			31000		☆31000			
前 払 保 険 料			4000				☆4000	
未 収 利 息			2400				☆2400	
			4138400	4138400	2351600	3007400	4072400	3416600
当期 （純利益）					☆655800			655800
					3007400	3007400	4072400	4072400

予想採点基準：☆…2点×14＝28点

〔第3問〕

合計残高試算表

平成×年6月30日現在　　　　　　　　（単位：円）

借　　方		勘　定　科　目	貸　　方	
残　　高	合　　計		合　　計	残　　高
		現　　　　　金		
		当　座　預　金		
		受　取　手　形		
		完成工事未収入金		
		材　　　　　料		
		機　械　装　置		
		備　　　　　品		
		支　払　手　形		
		工　事　未　払　金		
		借　　入　　金		
		未成工事受入金		
		資　　本　　金		
		完　成　工　事　高		
		材　　料　　費		
		労　　務　　費		
		外　　注　　費		
		経　　　　　費		
		給　　　　　料		
		支　払　家　賃		
		雑　　収　　入		
		支　払　利　息		

〔第4問〕

記号　（ア～ス）

a	b	c	d	e

[第5問]

精　算　表

（単位：円）

勘定科目	残高試算表 借方	残高試算表 貸方	整理記入 借方	整理記入 貸方	損益計算書 借方	損益計算書 貸方	貸借対照表 借方	貸借対照表 貸方
現　　　金	320000							
当 座 預 金	520000							
受 取 手 形	448000							
完成工事未収入金	382000							
貸 倒 引 当 金		10600						
有 価 証 券	388000							
未成工事支出金	491000							
材　　　料	356000							
貸 付 金	230000							
機 械 装 置	650000							
機械装置減価償却累計額		240000						
備　　　品	430000							
備品減価償却累計額		155000						
支 払 手 形		527000						
工 事 未 払 金		683000						
借 入 金		348000						
未成工事受入金		368000						
資 本 金		1000000						
完 成 工 事 高		2984000						
受 取 利 息		21000						
材 料 費	736000							
労 務 費	528000							
外 注 費	456000							
経　　　費	181000							
保 険 料	36600							
支 払 利 息	30000							
その他の費用	154000							
	6336600	6336600						
完 成 工 事 原 価								
貸倒引当金繰入額								
有価証券評価損								
減 価 償 却 費								
前 払 保 険 料								
未 収 利 息								
当　期（　　　）								

〔第3問〕　次の＜資料1＞及び＜資料2＞に基づき、解答用紙の合計残高試算表（平成×年6月30日現在）を完成しなさい。
なお、材料は購入のつど材料勘定に記入し、現場搬入の際に材料費勘定に振り替えている。　　　　（30点）

＜資料1＞

合 計 試 算 表
平成×年6月20日現在

（単位：円）

借　方	勘　定　科　目	貸　方
726,000	現　　　　　金	258,000
945,000	当　座　預　金	448,000
624,000	受　取　手　形	386,000
557,000	完成工事未収入金	328,000
450,000	材　　　　　料	185,000
390,000	機　械　装　置	
210,000	備　　　　　品	
320,000	支　払　手　形	689,000
165,000	工　事　未　払　金	480,000
287,000	借　　入　　金	668,000
261,000	未成工事受入金	543,000
	資　　本　　金	1,500,000
	完　成　工　事　高	2,350,000
823,000	材　　料　　費	
793,000	労　　務　　費	
785,000	外　　注　　費	
308,000	経　　　　　費	
160,000	給　　　　　料	
25,000	支　払　家　賃	
	雑　　収　　入	5,000
11,000	支　払　利　息	
7,840,000		7,840,000

＜資料2＞　平成×年6月21日から6月30日までの取引

21日　工事契約が成立し、前受金として￥100,000を小切手で受け取った。
〃　　材料￥65,000を掛けで購入し、本社倉庫に搬入した。
22日　工事の未収代金￥160,000が当座預金に振り込まれた。
23日　外注作業完了の報告があり、その代金￥150,000を請求された。
24日　材料の買掛代金￥200,000の支払のため、約束手形を振り出した。
25日　現場作業員の賃金￥180,000を現金で支払った。
〃　　本社事務員の給料￥140,000を現金で支払った。
26日　材料￥58,000を本社倉庫より現場に送った。
27日　銀行へ取立依頼中の約束手形￥100,000が期日到来につき、当座預金へ入金となった旨の連絡を受けた。
28日　本社事務所の家賃￥25,000を現金で支払った。
29日　工事が完成し、発注者へ引き渡した。工事代金￥550,000のうち前受金￥150,000を差し引いた残額を請求した。
30日　当社振出しの約束手形￥180,000が期日到来につき、当座預金から引き落とされた。
〃　　銀行から￥300,000を借り入れ、利息￥1,000を差し引かれた手取額￥299,000を当座預金に預け入れた。

〔第4問〕　次の　　　　の中に入る適当な用語を下記の<用語群>の中から選び、その記号（ア～ス）を記入しなさい。

(10 点)

(1)　　　a　　は、特定の工事ごとに個々の取引を集計できるように工夫された帳簿であり、　b　勘定の補助簿としての機能を果たしている。

(2)　材料の　c　を把握する方法として、　d　と棚卸計算法がある。

(3)　受取利息は収益の勘定であり、前受利息は　e　の勘定である。

<用語群>

ア　資産	イ　負債	ウ　費用	エ　購入数量
オ　消費数量	カ　工事台帳	キ　材料元帳	ク　未成工事受入金
コ　未成工事支出金	サ　継続記録法	シ　貯蔵品	ス　完成工事未収入金

〔第5問〕　次の <決算整理事項等> により、解答用紙に示されている島根工務店の当会計年度（平成×年1月1日～平成×年12月31日）に係る精算表を完成しなさい。なお、工事原価は未成工事支出金勘定を経由して処理する方法によっている。

(28 点)

<決算整理事項等>

(1)　機械装置（工事現場用）について¥48,000と備品（一般管理部門用）について¥31,000の減価償却費を計上する。

(2)　有価証券の時価は¥350,000である。評価損を計上する。

(3)　受取手形と完成工事未収入金の期末残高の合計額に対して2%の貸倒引当金を設定する。（差額補充法）

(4)　保険料には、前払分¥4,000が含まれている。

(5)　貸付金利息の未収分¥2,400がある。

(6)　未成工事支出金の次期繰越額は¥380,000である。

合　計　試　算　表

平成×年 5 月 20 日現在

(単位：円)

借　方		勘 定 科 目	貸　方	
+100,000 +360,000	1,562,000	現　　　　　金	406,000	+432,000 +298,000 +42,000
+240,000 +190,000	2,439,000	当　座　預　金	1,242,000	+100,000 +85,000 +170,000 +356,000
	1,585,000	受　取　手　形	1,037,000	+240,000
+600,000	1,016,000	完成工事未収入金	586,000	+360,000
+214,000	523,000	材　　　　　料	278,000	+123,000
	485,000	機　械　装　置		
	319,000	備　　　　　品		
+170,000	918,000	支　払　手　形	1,954,000	+372,000
+372,000	287,000	工　事　未　払　金	835,000	+214,000
+350,000	764,000	借　　入　　金	2,247,000	
+200,000	692,000	未成工事受入金	1,143,000	+190,000
		資　　本　　金	2,000,000	
		完　成　工　事　高	2,528,000	+800,000
+123,000	1,456,000	材　　料　　費		
+432,000	966,000	労　　務　　費		
	628,000	外　　注　　費		
+42,000	353,000	経　　　　　費		
+298,000	221,000	給　　　　　料		
+85,000	33,000	支　払　家　賃		
		雑　　収　　入	9,000	
+6,000	18,000	支　払　利　息		
3,782,000	14,265,000		14,265,000	3,782,000

〔第 4 問〕

記号（ア～シ）

a	b	c	d	e
ウ	カ	シ	ア	イ
☆	☆	☆	☆	☆

※ a と b は順不同

予想採点基準：☆…2 点 × 5 ＝10 点

〔第5問〕

精　算　表

(単位：円)

勘定科目	残高試算表 借方	残高試算表 貸方	整理記入 借方	整理記入 貸方	損益計算書 借方	損益計算書 貸方	貸借対照表 借方	貸借対照表 貸方
現　　　　金	209000						209000	
当 座 預 金	349000						349000	
受 取 手 形	563000						563000	
完成工事未収入金	417000						417000	
貸 倒 引 当 金		11200		8400				☆19600
有 価 証 券	276000			12000			☆264000	
未成工事支出金	436000		1525000	1772000			☆189000	
材　　　　料	291000						291000	
貸 付 金	180000						180000	
機 械 装 置	540000						540000	
機械装置減価償却累計額		248000		35000				☆283000
備　　　　品	460000						460000	
備品減価償却累計額		168000		29000				☆197000
支 払 手 形		679000						679000
工 事 未 払 金		497000						497000
借 入 金		366000						366000
未成工事受入金		252000						252000
資 本 金		1000000						1000000
完 成 工 事 高		2167000				2167000		
受 取 利 息		16000		1300		☆17300		
材 料 費	524000			524000				
労 務 費	469000			469000				
外 注 費	335000			335000				
経 費	162000		35000	197000				
保 険 料	41200			2500	☆38700			
支 払 利 息	24000				24000			
その他の費用	128000				128000			
	5404200	5404200						
完成工事原価			1772000		☆1772000			
貸倒引当金繰入額			8400		☆8400			
有価証券評価損			12000		☆12000			
減 価 償 却 費			29000		☆29000			
前 払 保 険 料			2500				☆2500	
未 収 利 息			1300				☆1300	
			3385200	3385200	2012100	2184300	3465800	3293600
当 期 （純利益）					☆172200			172200
					2184300	2184300	3465800	3465800

予想採点基準：☆…2点×14＝28点

〔第3問〕

合計残高試算表

平成×年5月31日現在　　　　　　　　　　　　　　（単位：円）

借　　方		勘定科目	貸　　方	
残　高	合　計		合　計	残　高
		現　　　　　金		
		当 座 預 金		
		受 取 手 形		
		完成工事未収入金		
		材　　　　料		
		機 械 装 置		
		備　　　　品		
		支 払 手 形		
		工 事 未 払 金		
		借　入　金		
		未成工事受入金		
		資　本　金		
		完 成 工 事 高		
		材　料　費		
		労　務　費		
		外　注　費		
		経　　　　費		
		給　　　料		
		支 払 家 賃		
		雑　収　入		
		支 払 利 息		

〔第4問〕

記号（ア〜シ）

a	b	c	d	e

〔第5問〕

精　算　表

(単位：円)

勘 定 科 目	残 高 試 算 表		整 理 記 入		損 益 計 算 書		貸 借 対 照 表	
	借　方	貸　方	借　方	貸　方	借　方	貸　方	借　方	貸　方
現　　　　　　金	209000							
当 座 預 金	349000							
受 取 手 形	563000							
完成工事未収入金	417000							
貸 倒 引 当 金		11200						
有 価 証 券	276000							
未成工事支出金	436000							
材　　　　　　料	291000							
貸 付 金	180000							
機 械 装 置	540000							
機械装置減価償却累計額		248000						
備　　　　　　品	460000							
備品減価償却累計額		168000						
支 払 手 形		679000						
工 事 未 払 金		497000						
借 入 金		366000						
未成工事受入金		252000						
資 本 金		1000000						
完 成 工 事 高		2167000						
受 取 利 息		16000						
材 料 費	524000							
労 務 費	469000							
外 注 費	335000							
経　　　　　　費	162000							
保 険 料	41200							
支 払 利 息	24000							
そ の 他 の 費 用	128000							
	5404200	5404200						
完 成 工 事 原 価								
貸倒引当金繰入額								
有価証券評価損								
減 価 償 却 費								
前 払 保 険 料								
未 収 利 息								
当 期（　　　　）								

〔第3問〕　次の＜資料1＞及び＜資料2＞に基づき、解答用紙の合計残高試算表（平成×年5月31日現在）を完成しなさい。なお、
材料は購入のつど材料勘定に記入し、現場搬入の際に材料費勘定に振り替えている。　　　　　　　　　（30点）

＜資料1＞

合 計 試 算 表
平成×年5月20日現在

（単位：円）

借　方	勘 定 科 目	貸　方
1,562,000	現　　　　　　金	406,000
2,439,000	当 座 預 金	1,242,000
1,585,000	受 取 手 形	1,037,000
1,016,000	完 成 工 事 未 収 入 金	586,000
523,000	材　　　　　　料	278,000
485,000	機 械 装 置	
319,000	備　　　　　　品	
918,000	支 払 手 形	1,954,000
287,000	工 事 未 払 金	835,000
764,000	借 入 金	2,247,000
692,000	未 成 工 事 受 入 金	1,143,000
	資 本 金	2,000,000
	完 成 工 事 高	2,528,000
1,456,000	材 料 費	
966,000	労 務 費	
628,000	外 注 費	
353,000	経 費	
221,000	給 料	
33,000	支 払 家 賃	
	雑 収 入	9,000
18,000	支 払 利 息	
14,265,000		14,265,000

＜資料2＞　平成×年5月21日から5月31日までの取引

21日　材料￥214,000を掛けで購入し、本社倉庫に搬入した。

22日　工事の未収代金￥360,000を小切手で受け取った。

23日　工事契約が成立し、前受金として￥190,000が当座預金に振り込まれた。

24日　現金￥100,000を当座預金から引き出した。

25日　現場作業員の賃金￥432,000を現金で支払った。

〃　　本社事務員の給料￥298,000を現金で支払った。

26日　材料￥123,000を本社倉庫より現場に送った。

27日　取立依頼中の約束手形￥240,000が支払期日につき、当座預金に入金になった旨の通知を
受けた。

28日　本社事務所の家賃￥85,000を支払うため、小切手を振り出した。

29日　外注工事の未払代金の支払いのため、約束手形￥372,000を振り出した。

30日　当社振り出しの約束手形￥170,000が支払期日につき、当座預金から引き落とされた。

〃　　現場の動力費￥42,000を現金で支払った。

31日　借入金￥350,000とその利息￥6,000を支払うため、小切手を振り出した。

〃　　工事が完成し、引き渡した。工事代金￥800,000のうち、前受金￥200,000を差し引いた
残金を請求した。

〔第4問〕　次の文の　□□□　の中に入る適当な用語を下記の<用語群>の中から選び、その記号（ア～シ）を記入しなさい。

(10点)

(1)　減価償却費の記帳方法には、　a　　と　　b　　の2つがある。

(2)　企業の主たる営業活動に対して、付随的な活動から生ずる費用を　c　といい、これには　d　などが含まれる。

(3)　完成工事未収入金の回収可能見積額は、その期末残高から　e　を差し引いた額である。

<用語群>

ア　支払利息	イ　貸倒引当金	ウ　直接記入法	エ　減価償却累計額
オ　継続記録法	カ　間接記入法	キ　完成工事原価	ク　販売費及び一般管理費
コ　営業費用	サ　棚卸計算法	シ　営業外費用	

〔第5問〕　次の <決算整理事項等> により、解答用紙に示されている熊本工務店の当会計年度（平成x年1月1日～平成x年12月31日）に係る精算表を完成しなさい。なお、工事原価は未成工事支出金勘定を経由して処理する方法によっている。

(28点)

<決算整理事項等>

(1)　機械装置（工事現場用）について¥35,000、備品（一般管理部門用）について¥29,000の減価償却費を計上する。

(2)　有価証券の時価は¥264,000である。評価損を計上する。

(3)　受取手形と完成工事未収入金の合計額に対して2%の貸倒引当金を設定する。（差額補充法）

(4)　保険料には、前払分¥2,500が含まれている。

(5)　貸付金利息の未収分¥1,300がある。

(6)　未成工事支出金の次期繰越額は¥189,000である。

ネットスクール出版